HAMBURG VOR HUNDERT JAHREN

JOACHIM PASCHEN

in Zusammenarbeit
mit dem
Landesmedienzentrum
Hamburg

ZEISEVERLAG

INHALT

HAMBURG HEUTE

INHALT

HAMBURG VOR HUNDERT JAHREN

EIN „WEGWEISER“ DURCH HAMBURG, WIE ES VOR HUNDERT JAHREN AUSSAH

Kann man sich Hamburg vorstellen ohne Mönckebergstraße, große Warenhäuser, Deichtorhallen und Hotel Atlantic? Ohne Musikhalle, Bismarck-Denkmal und die Gebäude der St. Pauli-Landungsbrücken? Ohne Hauptbahnhof, Elbtunnel und Hochbahn? Das muß man, wenn man wissen will, wie Hamburg um 1900 ausgesehen hat. Denn alle diese Bauten sind erst im Jahrzehnt nach der Jahrhundertwende entstanden.

In der zweiten Hälfte des 19. Jahrhunderts war Hamburg zum Welthafen des Deutschen Reichs und in schnellem Tempo zu einer Großstadt herangewachsen. Am Ende des Jahres 1900 ermittelte das Statistische Amt 718 275 Einwohner im Stadtgebiet, doppelt so viele wie 1875; 1912 wurde die Millionengrenze überschritten.

An der Schwelle zum 20. Jahrhundert sahen die Hamburger eine glänzende Zukunft vor sich: Deutschland war zur führenden Industrienation in Europa aufgestiegen, und es gab für die „freie und Hansestadt“ an der Elbe gute Aussichten, durch Partizipation am zunehmenden Welthandel ausgiebig Gewinn zu machen. Wer konnte ahnen, daß diese Zukunft nur 14 Jahre später, beim Ausbruch des Ersten Weltkriegs, vorläufig enden würde? Erst zehn Jahre vor dem Ende des 20. Jahrhunderts hat sich mit dem Zusammenbruch des kommunistischen Systems in Osteuropa und der deutschen Wiedervereinigung eine Lage ergeben, die Hamburg wieder ähnliche Zukunftsaussichten eröffnet.

Um 1900 fühlte sich Hamburg als kommende Weltstadt zur Repräsentation verpflichtet und glaubte auch, es sich leisten zu können. Das 1897 eingeweihte neue Rathaus im Stil der Neorenaissance bedeutete für die weiteren Baumaßnahmen eine ständige Herausforderung. Großartige und kostspielige Planungen begannen, die innerhalb eines Jahrzehnts aus einer großen Hafenstadt eine Welthafenstadt machten: Hundert Jahre nach der bitteren Zeit der französischen Besetzung hatte das „Venedig des Nordens“ die Hafenstädte des europäischen Kontinents überholt und nur noch New York und London vor sich.

Innerhalb weniger Jahrzehnte war das alte Hamburg von der Bildfläche verschwunden. Der Große Brand von 1842 hatte schon gründlich aufgeräumt; nur die niedergebrannten Hauptkirchen wurden wiederaufgebaut, alles andere entstand neu und erhielt ein großstädtisches Gepräge. In den 1880er Jahren mußte dann ein besonders romantisches Quartier aus der Barockzeit der neuen Speicherstadt Platz machen. Am Ende des Jahrhunderts war Hamburg auf dem besten Wege, sich das Flair einer europäischen Großstadt zu geben; die Innere Stadt und die seit 1894 eingemeindeten Vororte erhielten ein modernes Gesicht.

1900 ist tatsächlich ein Jahr des Umbruchs für die Stadt: Viel von der Bausubstanz des alten Hamburg aus dem 17. und 18. Jahrhundert steht noch, ist aber nach bereits bestehenden Planungen dem Untergang geweiht; vieles von dem damals neuen Hamburg kommt uns heute altvertraut vor; einiges davon ist – vor allem im Bombenkrieg – untergegangen und nur noch wenigen in Erinnerung. Ein Vergleich aus der Sicht des Jahres 2000 mit dem Hamburg vor hundert Jahren zeigt, was die Stadt in diesem katastrophenreichen Jahrhundert aus sich gemacht hat.

Zu einem solchen Jahrhundert-Vergleich will dieses Buch, gestützt auf einen kenntnisreichen Fremdenführer aus der Zeit um 1900, den „Wegweiser durch Hamburg und Umgebung“, anregen. Der 1899 gegründete „Verein zur Förderung des Fremden-Verkehrs in Hamburg“ hat ihn 1900 zum ersten Mal herausgegeben, im Juni 1901 erschien er in einer verbesserten und vermehrten 2. Auflage als wunderschön gestalteter großformatiger Band mit rotem Rücken und Jugendstil-Ornamenten. Auf hundert Seiten werden dem zögernden Fremden darin die Vorzüge der Stadt in vielen Einzelheiten geschildert. Im selben Jahr ist auch eine englische Fassung in Vorbereitung.

Natürlich handelt es sich um eine typische Image-Broschüre, die Hamburg damals bitter nötig hatte: Die Schreckensmeldungen über die Cholera-Epidemie 1892 waren ebensowenig vergessen wie die Schlagzeilen über die Auseinandersetzungen im großen Hafenarbeiterstreik vom Winter 1896/97. Der Touristenstrom versiegte. Die Anstrengungen des Vereins, hier gegenzusteuern, hatten Erfolg: Es gelang tatsächlich, die Zahl der Fremden bis 1912 auf 600 000 zu verdoppeln. Geschäftstüchtige Hamburger errechneten, daß bei einem durchschnittlichen Tagesverbrauch von 20 Mark pro Besucher rund 22 Millionen Mark in ihre Kassen geflossen sind.

Kein anderer Reiseführer vermag wie der „Wegweiser" das Selbstgefühl der Hamburger um die Jahrhundertwende zum Ausdruck zu bringen. Er vermittelt eine lebhafte Vorstellung davon, was die Hamburger selber an ihrer Stadt und an ihrem Alltag bemerkenswert fanden. Es liegt ein besonderer Reiz darin, Sehenswürdigkeiten erwähnt zu finden, die auch heute zu jeder Stadtführung gehören, oder aber solche, die allenfalls noch vom Hörensagen bekannt sind.

Überraschend ist, was ohne Erwähnung bleibt: Hamburg wird nicht als Einkaufsparadies angepriesen, obwohl es natürlich viele elegante Geschäfte mit Sonderangeboten gab; es werden keine Telefonnummern angegeben, obwohl schon mehr als 10 000 Hamburger (meist Geschäftsleute) über einen Anschluß mit Kurbel zum einzigen Fernmeldeamt verfügten; wichtig schienen auch nicht die elektrischen Bogenlampen zu sein, obwohl immerhin schon 600 davon dunkle Plätze und Grünanlagen erleuchteten; und das Automobil war nur ein Sportinstrument, kein Verkehrsmittel.

Der „Wegweiser durch Hamburg und Umgebung" wird in diesem Buch in seinen wichtigsten Abschnitten Kapitel für Kapitel im Originaltext wiedergegeben; auch die Überschriften sind weitgehend beibehalten. Jedem Kapitel ist eine kurze Einleitung vorangestellt, die in das jeweilige Thema einführt und es aus heutiger Sicht beleuchtet.

Titelblatt der „Image-Broschüre" des Hamburger Fremdenverkehrsvereins von 1901

Einen großen Nachteil hat der „Wegweiser" von 1900: Aus Kostengründen enthält er nur wenige und kleine Bilder. Doch ausgerechnet darauf wollten wir bei der „Neuauflage" keinesfalls verzichten. Aus dem reichhaltigen Archiv des Landesmedienzentrums Hamburg, den Beständen des Staatsarchivs Hamburg und des Museums für Hamburgische Geschichte wurde eine Bebilderung vorgenommen, die in enger Beziehung zu den ausgewählten Texten das Hamburg vor hundert Jahren anschaulich auferstehen läßt. Dabei soll möglichst exakt der Zustand um die Jahrhundertwende gezeigt werden. Erläuternde Hinweise tragen zum Verständnis der alten Texte und Bilder bei, damit Leser und Betrachter ihre eigenen Vergleiche anstellen können.

Vielleicht regt der Band auch dazu an, den Blick auf die nächste Jahrhundertwende zu richten und sich vorzustellen, was dann aus Hamburg geworden sein mag.

Der klassische Blick auf Hamburgs Stadtsilhouette am Ende des 20. Jahrhunderts: Die Binnenalster ist wie ein Juwel eingefaßt.

HAMBURGS VORZÜGE ALS REISEZIEL

Wer eine Stadt als Reiseziel attraktiv machen will, muß ihr Image kennen. Um Hamburgs Ruf war es am Ende des 19. Jahrhunderts nicht gut bestellt. Im Sommer und Herbst 1892 hatte hier eine verheerende Cholera-Epidemie gewütet, die letzte in einer mitteleuropäischen Großstadt. Mehr als 20 000 Menschen erkrankten, fast die Hälfte von ihnen starben. Der bekannte Berliner Bakteriologe Robert Koch zeigte sich bei einer Inspektionsfahrt durch Hamburg über die hygienischen Verhältnisse in den Altstadtvierteln entsetzt: „Ich vergesse, daß ich in Europa bin“, wurde er in den Zeitungen zitiert.

So ist es nicht verwunderlich, daß der „Wegweiser“ als ersten Vorzug Hamburgs anführt, die Stadt zähle nach dem Urteil einer unabhängigen Stelle zu den „gesündesten“ Deutschlands, und daß dabei die tadellose Wasserversorgung ausdrücklich erwähnt wird. Nach langem Streit, ob man das Trinkwasser aus dem Plöner See oder vom Harz holen solle, hatten sich 1890 Senat und Bürgerschaft für eine verbesserte Filtration des Elbwassers entschieden. Das neue Schöpfwerk auf der Billwerder Insel und das Filterwerk mit 22 offenen Sandbecken auf der Insel Kaltehofe vor Rothenburgsort wurden jedoch erst 1893, also nach der Cholera-Epidemie, fertiggestellt. Wie sicher konnte man sein, daß das Elbwasser, dem die Schuld für die Ausbreitung der Seuche gegeben worden war, wirklich „tadellos" sauber aus den Leitungen kam? Erst zehn Jahre später begannen sich die Hamburger mit dem Bau des ersten Grundwasserwerkes in Billbrook beim Trinkwasser von der Elbe unabhängig zu machen.

Bei der Beschreibung der klimatischen Vorzüge der Hansestadt wird natürlich nicht vergessen, mit Hilfe der Statistik das Hamburger Schmuddelwetter zu relativieren. Neben einer ganzjährigen Saison wird den Fremden vor allem aber das gesellige Leben in Hamburg angepriesen: viel Abwechslung, einzigartige Sehenswürdigkeiten, günstige Preise, üppiges Essen – Empfehlungen, wie sie auch heute noch ausgesprochen werden können.

Erstaunlich ist, daß selbst in der Kaiserzeit der „republikanische Zug" der Hamburger stolz hervorgehoben wird. Es sind die freien Lebensverhältnisse (und sicher auch die guten Verdienstmöglichkeiten in Handel und Gewerbe), die Hamburg wie ein Magnet auf die umliegenden preußischen Provinzen wirken ließen. Selbst Standesunterschiede werden in Abrede gestellt: Fast wie in Nordamerika fühle man sich in Hamburg, wo dem Tüchtigen und Fleißigen die Welt gehöre. „Mein Feld ist die Welt", verkündete Albert Ballin, der als Sohn eines kleinen Schiffsagenten 1888 in den Vorstand der HAPAG, der „Hamburg-Amerikanischen-Packetfahrt-Actien-Gesellschaft", und 1899 sogar zu ihrem Generaldirektor aufgestiegen ist.

Mit Vergnügungen wirbt Hamburg am Ende des 20. Jahrhunderts um Gäste: In den Einkaufspassagen der City und den Lokalen von St. Pauli sollen sie den Verlockungen erliegen. Auch für die mehr als hundert Jahre alte Speicherstadt gibt es Pläne, sie als Kulisse für Freizeitaktivitäten oder als Büros zu nutzen.

Der Welthafen ist Hauptanziehungspunkt geblieben. Segelschiffe werden als Museumsstücke gehütet, damit dem jährlichen Fest zum Hafengeburtstag das historische Flair nicht fehlt. Links die „Rickmer Rickmers", eines der letzten Segelvollschiffe, das in Deutschland gebaut wurde; sie begann 1896 ihre erste Reise und fuhr unter vielen Flaggen, zuletzt 1961 als portugiesisches Schulschiff. Mit der Renovierung in den 80er Jahren wurde sie zur Attraktion für die Hamburger und ihre Gäste.

HAMBURGS VORZÜGE ALS REISEZIEL

Die Freie und Hansestadt Hamburg, das Elbemporium Deutschlands, der größte Handelsplatz des europäischen Festlandes und einer der bedeutendsten Welthandelsplätze überhaupt, bietet dem Fremden eine solche Fülle von Sehenswürdigkeiten und Bemerkenswertem, daß ein flüchtiger Besuch auch nicht entfernt hinreicht, um ein umfassendes Bild von der Eigenart und Bedeutung der zweitgrößten Stadt Deutschlands zu gewinnen.

Andererseits sind hier auch alle die Faktoren gegeben, welche nur irgendwie als Grundbedingung für einen längeren Aufenthalt verlangt werden können:

1. Hamburg zählt zu den gesündesten Städten Deutschlands, wie sich aus den regelmäßigen statistischen Übersichten des Kaiserlichen Gesundheitsamtes ergibt. Die Sauberkeit der Stadt ist von alters her bekannt, und seit 1893 erfreut sich Hamburg einer tadellosen Wasserversorgung, die unter einer täglichen, sorgfältigen, bakteriologischen und chemischen Kontrolle steht.

2. Das Klima Hamburgs ist ein gleichmäßig sehr mildes; die Nähe des Meeres gleicht im Sommer wie Winter die Temperaturextreme aus, und daher weisen Sommer und Winter nicht die schroffen Gegensätze auf wie im Binnenland. Die Niederschläge sind im Vergleich zum Durchschnitt der Niederschläge in ganz Deutschland nur minimale, und Schnee fällt äußerst wenig; bis Weihnachten ist in der Regel frostfreie Zeit, und auch hernach hält der Frost nie lange an. Besonders der Frühling ist in Hamburg

Spaziergang am Ufer der Außenalster (oben und unten). Der Blick von der Lombardsbrücke läßt die Großstadt im Rücken vergessen. Unmittelbar an der Brücke liegt die „Alsterlust“, eine Badeanstalt mit getrennten Bassins für Damen und Herren. Im Hintergrund sind die vornehmen Häuser am Alsterglacis und am Alsterufer zu sehen.

unvergleichlich schön, der Sommer zeichnet sich durch die regelmäßig abgekühlten Abende aus. Nach Ansicht der alten Hamburger ist die herrlichste Jahreszeit der Herbst; tatsächlich gestaltet sich das Wetter im September und Oktober in der Regel dauernd schön und trocken mit freundlichem Sonnenschein. Bis tief in den November hinein behalten die Bäume das Laub und blühen noch Blumen im Garten.

3. Infolge der Nähe der Nordsee und der täglich zweimaligen Ebbe und Flut der Elbe hat die Luft einen mäßigen Feuchtigkeitsgehalt – eine angenehme, milde Seeluft, welche für alle diejenigen den Aufenthalt in Hamburg ratsam und vorteilhaft erscheinen läßt, welche die direkte Seeluft und das Seeklima nicht vertragen oder denen aus irgendwelchen Gründen das Leben in einem Seebad nicht behagt. An den reizenden Ufern der Elbe, in Oevelgönne und Neumühlen haben sich auch schon förmliche Badekolonien gebildet.

4. Hamburg als Stadt sowie die entzückende Alster und die riesigen Hafenanlagen und endlich auch die nach allen Seiten bequem zu erreichende herrliche Umgebung bieten dem Fremden und namentlich auch Familien selbst für einen längeren Aufenthalt eine unerschöpfliche Abwechslung des Sehenswerten und Genußreichen. Dem Charakter als Verkehrsstadt entsprechend, sind die Verkehrsverhältnisse durchweg sehr billig.

Hamburg wollte seinen Gästen Behaglichkeit bieten: 1907 öffnete nur wenige Schritte vom neuen Dammtorbahnhof entfernt Hamburgs erstes Palast-Hotel Esplanade seine Pforten; es bot größere und kleinere Festsäle sowie 35 Wohn- und 80 Schlafräume.

5. Die Lebensverhältnisse Hamburgs sind vorzügliche und preiswürdige, und wenn sich das Leben auch hier etwas teurer stellt als in der Provinz, so sind die Preise doch jedenfalls lange nicht so hoch wie in den meisten Badeorten und an den ausgetretenen und überlaufenen Touristenstraßen, und – was vor allen Dingen zu betonen ist – die Preisverhältnisse sind der Güte des Dargebotenen wirklich entsprechend. Der Hamburger ist Kaufmann und übervorteilt nicht und will auch nicht übervorteilt sein.

6. Auf gutes Essen und Trinken legt der Hamburger sehr großes Gewicht. Dementsprechend erfreut sich die Hamburger Küche, die Wohlgeschmack und Kraft harmonisch zu vereinigen weiß, mit vollem Recht eines hervorragenden Weltrufs. Die Eigentümlichkeiten der süddeutschen und Wiener Küche wird man in Hamburg vergeblich suchen, der Hamburger liebt substantiellere Speisen; die Fertigung in der vorzüglichen Bereitung von Roastbeefs, Beefsteaks, Filetbraten usw. hat dementsprechend in Hamburg ihren auch nicht von England übertroffenen Höhepunkt erreicht. Dazu gesellt sich die Mannigfaltigkeit der Gerichte von Seefischen; Schollen, Elbbutt, Steinbutt, Kleiß, Seezungen, Schell-

Restaurants und Kneipen standen für jeden Geschmack zur Verfügung: Im Börsenhof am Adolphsplatz (oben) ließ es sich gut dinieren, in der Straßenwirtschaft lockte das Bamberger Hofbräu.

Die Villen Hamburger Kaufleute lagen um die Jahrhundertwende bevorzugt rund um die Außenalster, in Harvestehude und an der Schönen Aussicht.

Die gediegene Behaglichkeit des bürgerlichen Interieurs erhielt um 1900 einen Zug ins Großartige. Der Wohlstand von Ober- und Mittelschicht spiegelte sich hier wider.

fisch, Lachs, Aal, Hummer usw. findet man in jeder Form und Gestalt das ganze Jahr hindurch auf der Tafel. (Austern ißt man nur in den Wintermonaten.) Beliebte Gerichte sind Oxtail-, Krebs-, Mockturtle- und Schildkrötensuppe, im Sommer auch rote Grütze (ein Fruchtpudding in Milch) und endlich die noch aus alter Zeit hervorragendste Eigentümlichkeit der Hamburger Küche: die Aalsuppe, die aus einigen 30 Ingredienzien, darunter über ein Dutzend verschiedene Kräuter, hergestellt wird. Ein sehr beliebter, kurzer Imbiß ist auch das „Rundstück warm", eine Semmel mit warmem Braten und Sauce.

7. Die Tageseinteilung in Hamburg ist von der des übrigen Deutschland verschieden und nähert sich der englischen. Die eigentliche Geschäftszeit beginnt Sommer und Winter 9 Uhr vormittags, teilweise auch die Schulen. In den Kontoren wird gewöhnlich „durchgearbeitet", d. h. ohne Mittagspause bis 6 oder 7 Uhr abends und bisweilen auch länger, wenn's not tut. Da im allgemeinen erst zwischen 5 1/2 und 7 Uhr die Hauptmahlzeit eingenommen wird, so ergibt sich die Notwendigkeit eines konsistenteren Frühstücks, das vor der Börse (zwischen 12 und 1 1/2 Uhr) eingenommen wird.

Der wohlhabende Hamburger bewohnt ein ganzes Haus; an der Alster oder deren Umgebung oder in der Umgegend liegen die schön und komfortabel eingerichteten Villen der Hamburger Patrizier und Handelsfürsten inmitten herrlichster Gärten und Parks. Hier wird nach arbeitsreichem Tage der Rest des Nachmittags oder der Abend in häuslicher Ruhe und Behaglichkeit verbracht, im Winter allerdings oft auch durch Theaterbesuch ausgefüllt.

8. Das Leben in Hamburg ist ein kosmopolitisches im besten Sinne. Die Bevölkerung in fast allen ihren Schichten steht mit der ganzen Welt in direkten und persönlichen Beziehungen; man ist entweder selbst zur See gefahren oder übersee gewesen, oder der Sohn, Bruder, Vetter war übersee oder ist noch dort oder fährt zur See. Durch diese jahrhundertealte Tradition und Gewohnheit hat die ganze Lebensanschauung und Lebensführung einen Zug ins Große erhalten, der allem Kleinlichen abhold ist. Jeder lebt nach seinem Geschmack, ordnet sich aber der geschäftlichen und geselligen Lebensweise gern unter, weil er schnell erkennt, daß sie praktisch und zweckentsprechend ist; dazu kommt, daß das eigentliche Leben in Hamburg seine große Anziehungskraft ausübt, und so stehen wir vor der tagtäglich zu beobachtenden Tatsache, daß jeder Zuziehende, jeder sich Neuansiedelnde in ganz merkwürdig kurzer Zeit nicht nur Hamburger, sondern auch ein begeisterter Hamburger, Hamburger mit Leib und Seele wird. Dazu mag allerdings auch der republikanische Zug beitragen, der Hamburgs Luft und Leben durchweht, und die Beobachtung, daß in Hamburg ebenso gut verwaltet, aber weniger regiert wird als anderswo. Das ist aber ein sehr angenehmes Bewußtsein, und es trägt nicht wenig dazu bei, den Aufenthalt in Hamburg so erfreulich zu gestalten. Auch die Tatsache, daß es in Hamburg keine eigentlichen Standesunterschiede gibt, fällt bei der schnellen Eingewöhnung erheblich ins Gewicht. Unterschiede sind freilich vorhanden und machen sich auch im sozialen Leben geltend, aber sie beruhen nicht auf Geburt und Rang, sondern auf ererbtem und mehr noch auf dem durch eigene Arbeit und Tüchtigkeit erworbenen Besitz und auf Bildung. Nirgendwo in Europa steht daher auch die persönliche Tüchtigkeit und eigene Arbeit in größerem Ansehen als in Hamburg.

Wenn die Sonne schien, zog es die Hamburger auch um 1900 an den Elbstrand. Besonders attraktiv war eine Badestelle am Köhlbrand.

Das zweite Super-Schiff der Imperator-Klasse, die „Vaterland“, ging im April 1914 auf Jungfernfahrt. Als der Krieg im August ausbrach, lag sie in New York und wurde interniert. Der Luxusdampfer wurde mit Kriegseintritt der USA 1917 zum Truppentransporter degradiert („Leviathan“) und seit 1923 wieder als Passagier-Schiff im Dienst der United States Lines genutzt. 1937 wurde der ehemalige Stolz der Hapag abgewrackt.

Die größten Schiffe der Welt wurden auf Hamburger Werften gebaut und repariert. Im ersten Jahrzehnt gab es einen gewaltigen Boom beim Bau von Kriegsschiffen, Frachtdampfern und Passagierschnelldampfern. Im Schwimmdock der Reiherstieg-Werft liegt der Dampfer „Phöbus“.

Auf der 1909 eröffneten Vulcan-Werft konnten 300 Meter lange Schiffe aufgelegt werden. In den folgenden Jahren entstanden hier die „Imperator“ und die „Vaterland“ für die Hamburg-Amerika-Linie (Foto gegenüberliegende Seite).

Ein Gewimmel von Dampfbarkassen und anderen Booten gab es auf der Elbe, wenn Kaiser Wilhelm II. bei seinem jährlichen Besuch in Hamburg den immer größer werdenden Hafen bewunderte. Die Hafenpolizei hatte Mühe, den Kaiser-Dampfer mit der gelben Standarte vor Zusammenstößen zu bewahren, so sehr zeigten die Hamburger ihre Begeisterung. Von 1860 bis 1900 war die Wasseroberfläche des Hafens von vier auf 185 Hektar gewachsen.

Hamburg war um die Jahrhundertwende eine Stadt der Blumen. Der Großhandel mit Pflanzen erhielt noch vor dem Krieg ganz in der Nähe des neuen Hauptbahnhofs eine eigene Halle, heute das Kultur- und Kommunikationszentrum „Markthalle“.

An kleinen Straßenständen, z. B. auf dem Schaarmarkt zu Füßen des Michels, versorgten sich die Anwohner. Hinter den Marktleuten eine der zahlreichen Bedürfnisanstalten mit Pissoir und „Sitz-Aborten“ für Männer und Frauen.

Der wichtigste Marktplatz für die Hamburger um 1900 war der Hopfenmarkt zu Füßen der Nikolaikirche, wo man sich vor allem mit Obst und Gemüse aus den Vier- und Marschlanden versorgte. Die Marktfrauen in ihren Trachten sorgten für ein buntes Bild.

Beim Füttern der Schwäne an der Rabenstraße; der Alsterdamm ist noch nicht vollständig bebaut, so daß man hinter der Lombardsbrücke die Türme der Deutsch-Reformierten Kirche aufragen sieht; rechts der Turm der Jacobikirche.

Hamburgs neuer Mittelpunkt, der Platz vor dem Rathaus. In seiner Gesamtanlage wollte er den Markusplatz in Venedig nachahmen. Diese Wirkung wurde allerdings seit 1903 durch das Reiterstandbild Kaiser Wilhelms I. (mit halbrunder Balustrade) beeinträchtigt; 1930 wurde es an den Sievekingplatz verlegt.

Ganz ohne Hektik konnte man um 1900 durch Hamburgs Einkaufsstraßen bummeln, wie hier vom Gänsemarkt zur Binnenalster über den Jungfernstieg.

Bei der Arbeit in einem Hamburger Kontorhaus: Der Vorsteher des Schreibbüros gibt sich als Aufsichtsbeamter.

„Wir bauen für das 20. Jahrhundert", mögen die jungen Architektur-Zeichner um 1900 gedacht haben.

Das Kaufhaus Axien in den Hohen Bleichen war ein Anziehungspunkt für die feine Damenwelt. Hier gab es Stoffe in Hülle und Fülle; auf Wunsch wurden sie im Hause weiterverarbeitet.

Strandleben um 1900 am Südufer der Elbe: Geschürzte Röckchen und hochgekrempelte Hosenbeine halfen, wenn es an der geforderten züchtigen Badekleidung mangelte.

Ein „Stadtplan“ von Hamburg, veröffentlicht um 1574/75 im Städtewerk „Theatrum Urbium“ von Georg Braun und Franz Hogenberg

KURZE GESCHICHTE HAMBURGS

Hamburg schmückt sich gern mit deutschen Kaisern: Ihre Statuen zierten das alte Rathaus an der Trostbrücke und fehlen ebensowenig am 1897 fertiggestellten Rathaus an der Kleinen Alster. Auch die Geschichte der Stadt wird mit ihnen ausgeschmückt. Zum Gründungsvater der legendären „Hammaburg“ wird kein Geringerer als Karl der Große erklärt; die eigentlichen Paten der weiteren Entwicklung sind jedoch Bischof Ansgar und seine Nachfolger für die „Domstadt“ am linken Alsterufer sowie die Schauenburger Grafen für die Kaufmannsstadt der neuen Burg am rechten Ufer, die beide durch eine Brücke verbunden waren. Die Schauenburger erhielten für den Handel ihrer „Stadt“ auf der Elbe einen von Kaiser Friedrich I. Barbarossa in lateinischer Sprache abgefaßten Freibrief, datiert vom 7. Mai 1189. Bei

Erscheinen des „Wegweisers“ war noch nicht bekannt, daß es sich bei dem Brief um eine Fälschung handelte. Erst 1907 deckte der Historiker Heinrich Reincke auf, daß das gefälschte Dokument erst 1265 auf Veranlassung des Hamburger Rats entstanden ist.

Im Geschwindschritt wird im „Wegweiser“ die Geschichte durcheilt: Fast nebenbei wird die Hanse genannt; gar nicht erwähnt werden die für das spätere Stadtbild so charakteristischen Befestigungsanlagen, die im frühen 17. Jahrhundert neun bis zwölf Meter hoch aufgetürmten Erdwälle: Sie schützten Hamburg im Dreißigjährigen Krieg vor dem Schicksal Magdeburgs und anderer Städte.

Ein besonderes Datum ist für die Hamburger von 1900 offenbar die Aufnahme des Handels mit Nordamerika gegen Ende des 18. Jahrhunderts gewesen. Tatsächlich hat mit der Entdeckung der „Neuen Welt“ die Verlagerung der Handelsströme zum Atlantik begonnen, die Hamburg über die Hansestädte an den Küsten der Ostsee triumphieren ließ. Zunehmende Bedeutung gewann diese Richtung des Hamburger Handels, als sich die Vereinigten Staaten von Amerika von der Kolonialmacht Großbritannien 1776 unabhängig machten.

Viele Ereignisse des 19. Jahrhunderts sind den Hamburgern um 1900 natürlich noch in – guter oder schlechter – Erinnerung: die Auswirkungen der Französischen Revolution und die Eingliederung in den napoleonischen Herrschaftsbereich mit Kontinentalsperre und völliger Erlahmung des Handels; der Große Brand von 1842, der mehr als ein Drittel der Stadt in Schutt und Asche legte; die Gründung des Deutschen Reiches 1871 nach drei Kriegen gegen Dänemark, Österreich und Frankreich; schließlich 1888 die Aufgabe der Zollfreiheit und die Eingliederung des Stadtgebietes in die Zollhoheit des Reiches – bis auf einen eigens für den zollfreien Handel zugestandenen Freihafen.

Großsprecherisch, ganz im Sinne des neuen Kaisers Wilhelm II., schrieben sich die Hamburger eine lateinische Losung auf die Fahne, die ins Deutsche übersetzt

Denkmal für Graf Adolph III. von Schauenburg auf der Trostbrücke, der ersten festen Verbindung zwischen erzbischöflicher Alt- und gräflicher Neustadt

Neben dem Zentrum des alten Hamburgs mit Börse, Rathaus und altem Kran wurde auch die Nikolaikirche im Mai 1842 ein Raub der Flammen – von dem Zeitgenossen Peter Suhr „nach der Natur“ gestaltet.

Das erste Fotodokument zur hamburgischen Geschichte: die Folgen des Großen Brandes 1842 an der Binnenalster. Hamburg wagte den Neuaufbau einer modernen Stadt. Die Lombardsbrücke war allerdings erst 1868 vollendet.

lautet: „Seefahrt tut not, das Leben nicht." Die schreckliche Bedeutung dieser Alternative wurde den Hamburgern erst klar, als sich die langfristigen Auswirkungen des 1898 beschlossenen kaiserlichen Kriegsflottenprogramms zeigten: Es brachte den Hamburger Werften und ihren Arbeitern kurzfristig viel ein, führte jedoch schließlich dazu, daß sich Großbritannien bei Kriegsausbruch im August 1914 an die Seite der Feinde des Deutschen Reiches, seines Hauptkonkurrenten im Welthandel, stellte. Als auch noch die USA 1917 dazukamen, war die Übermacht so groß, daß die kaiserliche Armee im November 1918 die Waffen strecken mußte.

Krieg war das letzte, was sich die weltweit operierenden Hamburger Kaufleute gewünscht hatten. Der Welthandel kam zum Erliegen, die Verluste waren enorm, auch die Menschenverluste: Mit klingendem Spiel war das Infanterie-Regiment 76, in dem überwiegend Hamburger dienten, zu Beginn des Krieges an die Westfront verabschiedet worden; 31 000 ließen im Ersten Weltkrieg ihr Leben auf den Schlachtfeldern und auf See. Zerstörerisch wirkten dann nach Kriegsende die von den Siegermächten auferlegten Bestimmungen des Versailler Vertrages vom Juni 1919, wonach Deutschland neben der Kriegs- auch den größten Teil seiner Handelsflotte abliefern mußte. Hamburg, auf das mehr als die Hälfte der deutschen Handelstonnage entfiel, schien am Ende. Anderthalb Jahrzehnte später stand Hamburg jedoch wieder vorn: Durch Rückkauf und Neubau waren zwei Drittel des Vorkriegsstandes bei der Handelstonnage wieder erreicht. Beim eingehenden Schiffsverkehr hatte der Hamburger Hafen 1934 Rotterdam und Antwerpen überholt und war wieder der erste des Kontinents. Allerdings waren die Folgen der im Oktober 1929 ausgebrochenen Weltwirtschaftskrise noch nicht überwunden.

Hamburgs Wirtschaft schien zunächst beträchtlich unter dem System des Nationalsozialismus zu profitieren: durch den Rüstungsboom im Kriegsschiffbau, mit der Schiffstouristik der „Kraft-durch-Freude"-Organisation, mit der Schaffung von Großhamburg 1937. Der 1939 von Hitler-Deutschland entfesselte Zweite Weltkrieg brachte ein abruptes Ende der Entwicklung und führte zu einer noch größeren Katastrophe als der Erste: Die britischen und amerikanischen Flächenbombardements zerstörten im Sommer 1943 innerhalb einer Woche rund die Hälfte der Bausubstanz in Hamburg. Etwa 112 000 Hamburger, Männer, Frauen und Kinder, verloren im Krieg ihr Leben, davon rund 45 000 durch die Luftangriffe.

Ein zäher Aufbauwille und günstige weltpolitische Verhältnisse führten dazu, daß der Wiederaufstieg unerwartet schnell erfolgte: Bis 1960 wurden genauso viele Wohnungen gebaut, wie im Krieg zerstört worden waren; der Umschlag im Hafen lag um 20 Prozent höher als vor dem Krieg; fast 60 Prozent der westdeutschen Handelsflotte waren in Hamburg beheimatet; im Hamburger Hafen wurden so viele Waren umgeschlagen wie in allen anderen deutschen Häfen zusammen.

Das entscheidende Hemmnis blieb jedoch die Teilung Deutschlands und Europas: Hamburg war in eine Randlage gerückt, da dem freien Handel mit den Ländern hinter dem Eisernen Vorhang enge Grenzen gesetzt waren. Erst mit dem Verlust des russischen Einflusses in Osteuropa und der Wiederherstellung der deutschen Einheit 1990 kam Hamburg in seine alte günstige Position zurück, nicht nur ganz Deutschlands, sondern auch Mittel- und Osteuropas Tor zur Welt zu sein.

Die Erwartungen der Menschen von 1900 an das 20. Jahrhundert sind sicher sehr enttäuscht worden: Die Kriege in Europa haben für zwei, drei Generationen Tod und Verderben, Verwüstungen und Entbehrungen gebracht. Die möglichen Entwicklungen wurden entsprechend verzögert.

Letztlich haben sich – auch zum Wohle Hamburgs – die zu Beginn des Jahrhunderts herrschenden Prinzipien eines freien Welthandels zum Ende hin wieder durchgesetzt. Seefahrt tut weiter not, aber das Leben auch.

Der Bombenkrieg von 1943/44 hinterließ eine zur Hälfte zerstörte Stadt und einen weitgehend unbrauchbaren Hafen. Sie wurden nach Kriegsende teils wieder, teils neu aufgebaut – eine eindeutige Entscheidung für eines dieser beiden Modelle fiel nicht.

KURZE GESCHICHTE HAMBURGS

Ziemlich weit von der Elbe entfernt lagen an ihrem kleinen Zufluß Alster, an einer Furt derselben und an dem Knotenpunkt der großen Handelsstraßen nach dem Wendenland und ins Land der Normannen größere Ansiedlungen, wo sich Slawen und Sachsen zu friedlichem Marktverkehr zu vereinigen pflegten. Karl der Große wählte in zielbewußter Absicht diesen Ort als Stützpunkt für die weitere Ausbreitung des Christentums nach Norden und errichtete hier die Hammaburg (d. i. Waldburg), indem er ohne Zweifel schon damals die Kaufleute als die geeignetsten Kulturträger erkannt hatte und sich so deren friedlicher Mitarbeit versicherte. Ludwig der Fromme erhob Hamburg zum Erzbistum, das 831 in Ansgar den ersten Erzbischof erhielt. In den folgenden Jahrhunderten hatte die junge Stadt unter den wiederholten Angriffen und Zerstörungen durch die Normannen und Obotriten zu leiden, so daß die Erzbischöfe ihren Sitz nach Bremen verlegten. Im 12. Jahrhundert gelangten die in Holstein belehnten Schauenburgischen Grafen in Hamburg zu großem Ansehen und zu um so höherer Bedeutung, als sie für die Entwicklung der Stadt immer das wärmste Interesse bekundeten, insbesondere Adolph III. und Adolph IV. Ersterer erwirkte von Barbarossa am 7. Mai 1189 die Ausstellung eines Freibriefs (Zollfreiheit) für Handel und Schiffahrt Hamburgs und legte damit den Grund für die spätere Selbständigkeit und Blüte der Stadt. Verträge mit Dithmarschen, ein Handelsbündnis mit Lübeck, der Beitritt zur Hansa, die fortwährenden siegreichen Kämpfe gegen die Dänen und Seeräuber und eine kluge Handelspolitik trugen zur inneren wie äußeren Erstarkung und Hebung des Handels bei, und schon 1510 wurde Hamburg von Kaiser Maximilian I. zur freien Reichsstadt erklärt. 1529 wurde die Reformation eingeführt, und 1618 erkannte das Reichskammergericht die Reichsunmittelbarkeit an. Der Dreißigjährige Krieg ließ Hamburg gänzlich unberührt, allein die Pest, viele Kämpfe mit den Dänen und ein Jahrhunderte fortgesetzter Zwist zwischen Senat und Bürgern hemmte doch die freudige Entwicklung der Stadt. Erst der Hauptrezeß von 1712 setzte den inneren Unruhen ein Ende und ließ die Zufriedenheit der Bürger wiederkehren, und 1768 endlich erfolgte durch den Gottorper Vergleich auch die Anerkennung Hamburgs als freie Reichsstadt seitens Dänemarks.

Nach jahrzehntelangen Auseinandersetzungen um den Bau eines neuen Rathauses war es am 6. Mai 1886 endlich soweit. In einem feierlichen Akt wurde der Grundstein gelegt (links). Sechs Jahre später, am 7. Mai 1892, wurde der Dachstuhl „gerichtet".

Mit dem Beitritt zum Reichszollgebiet erhielt Hamburg das Privileg eines zollfreien Hafens. Am 29. Oktober 1888 wurde für den jungen Kaiser Wilhelm II. ein großer Festakt inszeniert: Unter „Heil unserem Kaiser“ setzte er an der Brooksbrücke den Schlußstein.

Die Speicherstadt wuchs mit dem Handel: 1902 erhielt sie ein „Rathaus“ für ihre zentrale Verwaltung in der Straße Bei St. Annen.

Schon im Anfang des 16. Jahrhunderts reichten die Handelsbeziehungen Hamburgs nach Norwegen, England, Holland, den Niederlanden, Frankreich, Spanien, Portugal, Italien und bis nach dem Orient, es war aber mehr Stapelhandel in Reis, Holz, Getreide und Lebensmitteln, und erst im Laufe des 17. Jahrhunderts vollzog sich der Übergang zum Kommissionshandel und zur Spedition, die sich im 18. Jahrhundert zum Welthandel ausbildeten. 1778 lief das erste Schiff – unmittelbar aus Amerika kommend – im Hamburger Hafen ein, und der Handel Hamburgs mit den Vereinigten Staaten nahm bald einen unerwarteten Aufschwung. Unsägliches Unglück brach über Hamburg herein unter der Napoleonischen Gewaltherrschaft: Die Seelenzahl sank von 110 000 auf 50 000, und die Gesamtverluste der Stadt werden auf 300 Millionen Mark geschätzt. Trotzdem erstarkte die Stadt sehr bald wieder, ebenso wie nach den großen Handelskrisen und dem großen Brand von 1842. Während der politischen Umgestaltung Deutschlands im 19. Jahrhundert hat sich Hamburg mit Geschick seine Selbständigkeit und seine Zollfreiheit zu bewahren gewußt. Die Macht der Verhältnisse erforderte jedoch eine Preisgabe dieses letzteren Sonderrechts; die politische Einheit Deutschlands mußte naturnotwendig auch die Einheit des Wirtschaftsgebietes im Gefolge haben, und so trat Hamburg am 15. Oktober 1888 auch dem Reichszollgebiet bei.

Der kaufmännische und seemännische Wagemut, gepaart mit kluger Besonnenheit, und die Fähigkeit, in der Fremde leicht festen Fuß zu fassen, das ist echt hanseatische Art, das treue Festhalten an der heimischen Art und die Liebe zur Heimat und zum weiteren deutschen Vaterland, das ist echt hanseatische Tradition. Und hat sich Hamburgs Flagge Jahrhunderte hindurch in allen Meeren der Erde Achtung und Ansehen zu verschaffen gewußt und galt Hamburgs Flagge immer und überall als Deutschlands Flagge, so erfreut sich Hamburgs Welthandel und Weltverkehr heute des Jahrhunderte hindurch entbehrten köstlichen Gutes, des nie versagenden Schutzes von Kaiser und Reich: Navigare necesse est, vivere non est necesse.

Alte Kaufmannshäuser des 17. und 18. Jahrhunderts am Holländischen Brook auf der Wandrahminsel: Die Gebäude mußten erst kurz vor der Jahrhundertwende den Erweiterungsbauten der Speicherstadt weichen.

Waren für die Speicherstadt: Blick in das Kehrwiederfleet von Westen, links Block A, rechts Block J. Beide Blöcke gehören zum ersten Bauabschnitt (1885–1889) und wurden nach den Zerstörungen des Zweiten Weltkriegs nicht wieder aufgebaut. Auf der Kehrwiederspitze steht heute das Hanseatic Trade Center.

Das neue Rathaus kurz vor der Fertigstellung. Nachdem 1894 der 112 Meter hohe Turm vollendet war, konnte das Gerüst abgebaut werden.

Hamburgs politischer Mittelpunkt für das 20. Jahrhundert: Am 26. Oktober 1897 wurde das Rathaus Senat und Bürgerschaft zur Benutzung übergeben. Es überstand die Bombenangriffe des Zweiten Weltkriegs fast unversehrt.

Bezaubernd wie vor hundert Jahren – der Blick von der Lombardsbrücke über die Binnenalster. Die Türme von Rathaus und St. Nikolai überstanden den Krieg, der Kirchturm allerdings nur als mahnende Ruine. Die Gestalt der Kandelaber auf der Brücke stammt aus der Zeit vor hundert Jahren.

DAS STADTBILD HAMBURGS

Von wo aus hat man den schönsten Blick auf die Stadt, werden Hamburger von ihren Gästen oft gefragt. Vom Flugzeug beim Anflug über die Elbe auf Fuhlsbüttel? Vom ICE, der über die Norderelbbrücken auf den Hauptbahnhof zufährt? Von der England-Fähre beim Anlegen am Fährterminal? Vom Musical-Zelt auf der anderen Seite der Elbe? Von der Hochbrücke über den Köhlbrand? Vom Restaurant auf dem Fernsehturm?

Die Vielzahl der Vorschläge zeigt, was in den letzten 25 Jahren alles entstanden ist und wie stolz die Hamburger auf das Bild ihrer Stadt an der Elbe sind. „Stadt Hamburg an der Elbe Auen" – so beginnt die heimliche Hymne der Hamburger, die Georg Nicolaus Bärmann 1828 für ein Festspiel verfaßte und Albert Methfessel vertonte; die Alster ist in diesem „Hammonia-Lied" allerdings unterschlagen. Dabei ist Hamburg eine Stadt an mindestens zwei Flüssen, die für ihre Entwicklung und Gestalt bestimmend waren. Von ihren Wassern aus erschließt sich das Stadtbild am eindrucksvollsten, heute wie schon seit 400 Jahren.

Bei so viel Tradition ist es nicht erstaunlich, daß sich in den letzten hundert Jahren nicht so viel an der Topographie am Zusammenfluß von Alster und Elbe geändert hat: Der zu großen Becken aufgestaute Nebenfluß öffnet nach wie vor über große Wasserflächen einen freien Panoramablick und diffundiert in Kanälen („Fleeten") durch die Stadt, bevor er sich in den breiten Handelsstrom Elbe ergießt; von dort aus präsentiert sich die eigentliche Wasserseite der Stadt. Das war so, ist so und bleibt so, sagen die Hamburger und berufen sich gern auf Venedig, das sich schon viel länger dauerhaft mit dem Wasser arrangiert hat.

Für den Blick über die Stadt streben die Hamburger mit ihren Gästen heute wie vor hundert Jahren natürlich gerne auf Türme, vor allem auf den der Hauptkirche St. Michaelis, des Michels. Von dort aus bot sich um 1900 ein ebenso imposanter Blick auf die ganze Stadt wie heute.

Auch am Ende des 20. Jahrhunderts ist Hamburg ohne die riesigen Schiffe, die Waren aus aller Welt transportieren, nicht vorstellbar.

Dank eines Vereins „Rettet die Deichstraße" konnte ein kleiner Überrest des alten Hamburgs erhalten werden. Diese Häuser stammen aus dem 17. und 18. Jahrhundert; hier wurde vor allem Export-Bier gebraut.

Mit ein bißchen Phantasie erinnern die Schuten in der Kleinen Alster an venezianische Gondeln. Die Arkaden sind ein Werk von Alexis de Chateauneuf, der Hamburg nach dem Großen Brand ein neues Gesicht gab.

Hamburg hat es verstanden, sich die Elbe immer näher zu bringen und in jahrhundertelanger Arbeit dieselbe in den heutigen stolzen Hafen umzubilden. Die kleine Alster sank damit immer mehr zu einem bedeutungslosen Flüßchen herab und bildet heute – vor ihrem Eintritt in die eigentliche Stadt durch Schleusen seeartig aufgestaut – das weltbekannte mächtige Alsterbecken, den Schmuck und die Zierde Hamburgs. Durch einen mit schönen Anlagen besetzten Wall wird die Alster in die von prächtigen Gärten und Landhäusern umgebene Außenalster und ein kleineres, viereckiges Becken, die Binnenalster, geschieden, den Glanzpunkt Hamburgs. Es liegt eine stimmungsvolle Poesie über diesem mitten in der Stadt gelegenen Wasserbecken, auf welchem unaufhörlich die zierlichen Dampfboote, Ruderboote und Segler dahingleiten, während Hunderte von stolzen Schwänen auf den leichtgekräuselten, oft aber auch sturmgepeitschten Wellen zwischen ihnen unbehindert einhertreiben – ein jedem unvergeßlich schöner Anblick, diese glitzernde, blinkende und belebte Wasserfläche, die auf drei Seiten umrahmt ist von den vornehmsten Straßen der Stadt: den langen Häuserreihen des Alsterdammes, des Neuen und des neuerdings auf 47 Meter verbreiterten Alten Jungfernstieges mit dem neuen Alster-Pavillon, während die vierte Seite ihren Abschluß erhält durch die zwischen hohen Anlagen verlaufende weltbekannte und architektonisch berühmte Lombardsbrücke, welche die Verbindung mit der Außenalster herstellt. Jeder Fremde, der sich an Hamburg zurückerinnert, gedenkt zuerst dieses malerisch schönen Alsterbildes und des Jungfernstieges, hochberühmt und viel gefeiert in aller Welt.

Die schönste Aussicht über Hamburg und die ganze Umgebung hat man vom Turm des neuen Rathauses und vom Turm der großen Michaeliskirche, von wo bei schönem Wetter der Blick fast an die Gestade der Nordsee

Der Blick vom Rathausturm in die südliche Himmelsrichtung erfüllte die Hamburger mit besonderem Stolz: Hinter der Katharinenkirche erstreckten sich die neuen Anlagen des Freihafens mit der gewaltigen, in Neo-Backsteingotik gestalteten Speicherstadt.

reicht. Über den Hafen genießt man die beste Aussicht von der Volkskaffeehalle am Amerikaquai und von der Höhe der Seewarte oder Wiezels Hôtel, noch besser vom Turm der Seewarte.

Das bewegte Bild des Lebens und Treibens auf der Binnenalster und dem Jungfernstieg, welch letzteres sich vielleicht noch am besten mit dem wogenden Verkehr von „Unter den Linden" oder der Boulevards in Paris vergleichen läßt, beobachtet man am besten in aller Muße in dem durch seine unvergleichlich herrliche Lage und Aussicht ausgezeichneten **Alster-Pavillon**, einem Etablissement der Eleganz und des feinen Stils, das in seiner Bauart und Einrichtung in sehr geschickter Weise die günstige Lage zu verwerten gewußt hat.

Zum neuen Jahrhundert bekam Hamburg einen neuen – den vierten – Alsterpavillon. Am 20. Januar 1900 traf sich die elegante Welt zur feierlichen Eröffnung des Prachtbaus. Links im Hintergrund ist das Hotel Vier Jahreszeiten zu sehen.

Einen herrlichen **Rundblick** hat man auch von der Lombardsbrücke: Auf der einen Seite die große Außenalster, umsäumt von herrlichen Anlagen, nach der andern Seite über die Binnenalster hinweg das Bild der Stadt mit ihren vielen Türmen. Namentlich der Abend gewährt hier einen fast feenhaften Blick, wenn sich hinter den taghell erleuchteten Uferstraßen der Binnenalster die dunkle Stadt mit ihren hohen Baulichkeiten abhebt und die Ufer der Außenalster bis in unabsehbarer Ferne in einem ununterbrochenen strahlenden Lichterkranz erscheinen.

Dem Alster-Pavillon der Binnenalster entspricht als Seitenstück in der Außenalster die **Alsterlust**, ein in der Nähe der Lombardsbrücke in der Außenalster auf Pfählen erbautes schönes Restaurations- und Cafélokal mit Badeanstalt – von ganz hervorragend schöner Lage und Aussicht.

Den schönsten Blick auf die Außenalster und ihre herrliche Umgebung gewährt ein Spaziergang auf dem linken Ufer derselben. Man hält sich an die schattige Uferstraße und gelangt – vorbei an der kleinen Alsterinsel, der Hohenfelder Bucht, der öffentlichen Alster-Badeanstalt und dem entzückenden **Feenteich** – schließlich nach dem **Uhlenhorster Fährhaus**, bekannt und berühmt als einer der schönsten Punkte Deutschlands. Entzückt gleitet hier der Blick über die dem Auge endlose Fläche der Alster hin, deren Spiegel von Hunderten von Booten aller Art belebt ist. Auf dem gegenüberliegenden Ufer aber erstrecken sich nach Hamburg hin tausendjährige Eichen, Rüstern und andere Baumriesen, welche die dahinterliegenden herrlichen Villen und Gärten unseren spähenden Blicken entziehen. Die Rückfahrt auf der Alster zu später Abendstunde wird einen genußreichen Tag würdig beschließen. Hier verspürt man nichts von dem hastigen Leben und Treiben der Stadt, nichts von dem riesenhaften Verkehr der Elbe und des Hafens – es ist eine entzückende Märchenlandschaft inmitten der Handelsmetropole unseres Erdteils.

Blick auf den Stadtteil St. Georg über die Lombardsbrücke, die 1900 für den Ausbau der Verbindungsbahn von 32 auf 49 Meter verbreitert worden war; links vorn die über einen langen Steg erreichbare Badeanstalt „Alsterlust"; rechts im Hintergrund die 1863–1868 in Backstein erbaute Kunsthalle.

Beim Umbau des Jungfernstiegs erhielten die Alsterschiffe eine 175 Meter lange Anlegestelle. Die einheitliche Front war an den Großen Bleichen durch pompöse Bauten aufgewertet worden: Seit 1883 präsentierte sich das Hotel Hamburger Hof in rotem, seit 1899 die Dresdner Bank in hellem Sandstein. Das Hotel St. Petersburg über den Alsterarkaden war von Kempinski verdrängt worden. An der Kleinen Alster lag auch der Kaiser-Keller. Überragt wurden die Fassaden von zwei Schornsteinen der städtischen „Electricitäts-Werke" an der Stelle der ehemaligen Stadtmühle.

Die Flaniermeile des Alten Jungfernstiegs war um die Jahrhundertwende den gestiegenen Verkehrsbedürfnissen angepaßt worden: Statt grüner Bäume gab es nun verschnörkelte Bogenlampen. Auch für die elektrischen Straßenbahnen wurde Platz geschaffen.

Foto gegenüberliegende Seite: Einer der verkehrsreichsten Plätze in Hamburg war schon damals der Rödingsmarkt. Hier trafen die Straßenbahnlinien aus Altona über die Heiliggeistbrücke (links) und aus Eimsbüttel über den Graskeller aufeinander. An die Stelle einer „Herren & Knaben Kleiderfabrik" hatte 1900 eine Versicherung ihren kuppelgekrönten Bau gesetzt, im Erdgeschoß weiterhin mit einer „Bier-Quelle". Einige Jahre später zog Peek & Cloppenburg hier ein.

1901 fiel der Beschluß, eine breite Verbindungsstraße zwischen dem neuen Hauptbahnhof und dem Rathaus durch das Sanierungsgebiet der nördlichen Altstadt zu schlagen. Die Mönckebergstraße, innerhalb eines Jahrzehnts realisiert und erst später nach dem Bürgermeister der Planungszeit so benannt, brachte das neue weltstädtische Gefühl überaus deutlich zum Ausdruck. Das Geschäfts- und Kontorhaus „Seeburg" (links) war 1906 fertig, der Barkhof (rechts) 1910. Der von Fritz Schumacher angeregte Mönckebergbrunnen entsteht erst einige Jahre später.

VICTORIA-VERSICHERUNG
Restaurant - Bauer
Bill-Bier-Quelle
F. DREYER
F. DREYER
GLASS
Renck & Co.

Hauptanziehungspunkt für die wohlhabenden Fremden war das Alsterbassin, wie die Binnenalster damals noch häufig genannt wurde: Es war umsäumt von eleganten Hotels der Ersten Klasse. Gegenüber dem Hotel Vier Jahreszeiten (im Rücken der Betrachterin mit dem Kinderwagen) glänzte am Alsterdamm mit weißer Fassade das Hotel de l'Europe, rechts daneben das Hotel Belvedere, ganz links das Alsterhotel – und mittendrin als frisch renovierter Treffpunkt der Alsterpavillon.

Mit viel Liebe und viel Geld sind Prachtbauten vom Beginn des 20. Jahrhunderts – wie der Globushof an der Trostbrücke – an seinem Ausgang wieder auf Hochglanz gebracht worden.

BAULICHER CHARAKTER HAMBURGS

Mit schöner Offenheit gibt der „Wegweiser“ zu, daß sich Altertümer in Hamburg schwerlich finden lassen: Die republikanische Stadt gab sich modern und war stolz darauf. So war auch nach dem verheerenden Brand von 1842 nicht Wiederaufbau, sondern die Anlage einer „neuen Stadt“ angesagt. Den entscheidenden Einfluß hatten der Privatarchitekt Alexis de Chateauneuf und der englische Ingenieur William Lindley. Sie sorgten für eine durchgreifende Modernisierung über und unter der Erde.

Beim Neubau der bürgerlichen Wohnhäuser an den geraden Straßen zwischen Spitalerstraße und Binnenalster, zwischen Börse und Gänsemarkt wurde jedoch weiterhin der klassizistische Stil bevorzugt: Es entstanden überwiegend Putzbauten, die sich häufig sehr ähnelten. Nur ganz vereinzelt konnte sich der Backstein durchsetzen. Bis Fritz Schumacher ihn ab 1909 für Hamburg zur Regel machte, wurde er nur für drei öffentliche Gebäude von Rang verwendet: die Post mit ihrem charakteristischen Turm (1845–1847), das Haus der Patriotischen Gesellschaft an dem Platz des alten Rathauses (1845–1847) und die Kunsthalle am Glockengießerwall (1869).

Von den Gängevierteln der Alt- und Neustadt, in denen das alte Hamburg aus dem 17. und 18. Jahrhundert

Eppendorf – heute wie vor hundert Jahren ein Viertel der Wohlsituierten. Seit 1912 verbindet die Hochbahn (Ringlinie) die Stadtteile um die City.

noch fortlebte, heißt es in dem „Wegweiser“, daß ihre Zeit aus „hygienischen Gründen“ abgelaufen sei. Tatsächlich haben die Sanierungsmaßnahmen in der südlichen Neustadt 1900 begonnen; sie erfolgten schrittweise und zogen sich zwölf Jahre hin. Das Sanierungsgebiet in der östlichen Altstadt zwischen Meßberg und Spitalerstraße wurde 1908 komplett abgerissen, um Platz zu machen für ein Kontorhausviertel und die Geschäftshäuser der neuen Mönckebergstraße. Das letzte Gängeviertel in der nördlichen Neustadt um den Großneumarkt wurde erst in den 30er Jahren saniert.

Die rasante Stadterweiterung seit 1861 verwandelte kleine Vororte in neue Stadtteile: Auf beiden Seiten der Außenalster ließen sich die großen Kaufleute herrliche Villen errichten, die sie mit allem Komfort ausstatteten, um dort nicht nur über die Sommermonate, sondern dauerhaft zu wohnen. Wer sich das nicht leisten konnte, zog in geräumige Stadthäuser in Harvestehude oder Eppendorf. Für die arbeitende Bevölkerung waren Mietwohnungen in Etagenhäusern in Eimsbüttel, Hammerbrook und Barmbek vorgesehen.

Aus der eigentlichen Stadt innerhalb des Wallrings zogen immer mehr Menschen fort. Sie wurde zur „Innenstadt“, bekam nach englischem und amerikanischem Vorbild immer mehr die Funktion eines reinen Geschäftszentrums, das „City“ genannt wurde. Diese Entwicklung setzte sich nach der Jahrhundertwende beschleunigt fort.

Zu einer Hamburger Besonderheit wurden die Comptoir-Häuser, für die sich ab 1909 der deutsche Ausdruck Kontorhäuser (von französisch compter = berechnen, Geld zählen) einbürgerte. Verschiedene Firmen richteten darin ihre Büros und Warenlager ein. Das erste Kontorhaus war der 1885/86 errichtete Dovenhof an der Brandstwiete am Eingang zum Freihafen, erstmals in Deutschland mit einem „Paternoster“ ausgestattet (1967 für den Neubau des Spiegel-Verlages abgerissen). Die Idee dieses Gebäudetyps, die der Architekt Martin Haller aus New York mitgebracht hatte, setzte sich durch: 1894–1896 entstand für die Dynamit

Das Kontorhausviertel in der Altstadt entstand erst in den 20er Jahren. Das markanteste Beispiel ist das Chile-Haus von 1924, erbaut von Fritz Höger im Auftrag des Reeders Henry Sloman. Der Bug aus Backstein trotzt dem Verlust der Handelsflotte nach dem Versailler Vertrag.

Erst in den 1990er Jahren wurden in der Hamburger City die letzten Lücken des Bombenkriegs mit Geschäftshäusern geschlossen.

AG der Nobelshof am Zippelhaus, 1897/98 der Laeiszhof an der Trostbrücke, 1899 das Afrika-Haus an der Reichenstraße. Der zur größten Reederei der Welt aufgestiegenen Hamburg-Amerika-Linie war das eigene Geschäftshaus am Dovenfleet zehn Jahre nach dem 1890 erfolgten Einzug zu klein geworden; an repräsentativer Stelle am Alsterdamm entstand 1900–1903 ein „Kontor-Schloß“ mit Tempelfront, gekrönt von einer Neptunsquadriga.

Bis heute gehütet und gepflegt: das Treppenhaus in dem 1900 entstandenen Eckhaus Heintzehof, heute Alstertor

Kaum eine andere deutsche Stadt von dem Alter und der Bedeutung Hamburgs dürfte so arm an baulichen Zeugen ihrer Vergangenheit sein wie diese. Wenn die schönen Erzeugnisse mittelalterlichen Bau- und Kunstfleißes, die anderen Städten Deutschlands ihren hohen Reiz verleihen, in Hamburg wenig oder gar nicht zu finden sind, so liegt der Grund hauptsächlich in dem von alters her stets wachsend gewesenen Bedürfnis der Einwohner nach Raum und der hierdurch bewirkten steten Verdrangung des Alten, um brauchbares Neues an seine Stelle zu setzen; in der durch enge Umwallungen fest eingeschlossenen Geschäftsstadt war für die Entfaltung der Baukunst kein Raum. Die häufigen Zerstörungen und Feuersbrünste haben dazu manches Denkmal früherer Zeiten noch vernichtet, besonders der große Band von 1842, der 79 Stunden währte und das ganze Zentrum der Stadt in Trümmer legte, so daß 20 000 Menschen obdachlos wurden; 1740 Wohnhäuser, das Rathaus, die Bank, die alte Börse, das Stadtarchiv, die Nicolai- und Petrikirche u. v. a. lagen in Asche. Und doch wurde dieses furchtbare Unglück für Hamburg der Beginn einer neuen, besseren Zeit. Unmittelbar nach der Katastrophe und trotz der ungeheuren Verluste, trotz der kolossalen Schuldenlast und der unsicheren Zukunft hatte Hamburg die Einsicht und den Mut – statt die zerstörten Gebäude einfach wieder aufzubauen –, eine neue Stadt nach einheitlichem Plan und den Bedürfnissen der neueren Zeit entsprechend wieder aufzubauen, was allerdings nur durch Verfügung der Expropriation von 750 Grundstücken möglich war – wahrlich eine Großtat, die uns eine hohe Bewunderung abnötigt! …
Der neue Stadtplan machte mit wohlüberlegter Absicht die Börse zum Mittelpunkt der neuen Stadt, auf welchen alle Hauptstraßen zusammenfließen sollten. Und von der Börse ging in den nächsten Jahrzehnten die großartige Umgestaltung des Handels- und Schiffahrtverkehrs aus, auf welchen die Blüte Hamburgs beruht und durch welche allein es ermöglicht worden ist, daß die Stadt sich so, wie es geschehen, ausdehnen und entwickeln konnte.

Ein klassizistischer Solitär im Herzen Hamburgs: Die Börse hatte den Großen Brand von 1842 weitgehend unbeschadet überstanden und wurde in den Jahrzehnten danach mehrfach erweitert. Die Aufnahme stammt aus den frühen 1890er Jahren: Die Straßenbahn ist noch nicht elektrifiziert, aber auf dem Dach steht schon das Gerüst für die Telefondrähte.

Ein großer Teil der inneren Stadt ist sonach neueren Datums mit verhältnismäßig geraden und breiten Straßen. In den älteren Stadtteilen finden wir aber noch sehenswerte alte Gebäude, so im Grimm, in der Catharinenstraße, der alten Gröningerstraße, in den Reichenstraßen usw. Der Charakter solider Festigkeit und ernster Würde ist diesen alten Kaufmannshäusern in hohem Maße eigen.
Die eigentümlich lange, schmale Gestalt der Grundstücke in diesen Stadtteilen war bedingt durch die Notwendigkeit, den Hausbesitzern sowohl von der Straße Zugang zu ihren Wohnräumen wie an der Hinterfront vom Wasser aus Zugang zu den Speicherräumen zu gewähren. Die Größenverhältnisse der Schiffe früherer Zeit gestatteten nämlich eine direkte Einfahrt derselben in die verschiedenen Wasserstraßen oder Kanäle, Fleete genannt, welche von der Elbe aus den niederen Teil der Stadt nach allen Richtungen durchziehen, so daß eine unmittelbare Löschung der Fahrzeuge auf die Speicherböden durch Winden möglich war und umgekehrt.
Diese Umstände führten zu einer bestimmten Baudisposition: an der Straße zunächst die schmale Front eines hohen, mehrstöckigen massiven Giebelhauses, das Kontor- und Wohnzwecken dient; hieran schließt sich ein nicht die ganze Breite des Grundstücks füllendes Mittelgebäude, welches einen kleinen Hof neben sich freiläßt; daran stößt dann der Speicher – meist Fachwerkbau –, dessen Hinterseite direkt am Fleet liegt und wieder die ganze Breite des Grundstücks einnimmt.

Um 1900 stand das damals älteste Haus Hamburgs am Pferdemarkt/Ecke Jacobitwiete in unmittelbarer Nähe von St. Jacobi. Auf einem Querbalken wird auf das Baujahr MDXXII (=1522) hingewiesen. Die Altstädter nutzten das darin untergebrachte Frühstückslokal, den Ausschank von Frankfurter Apfelwein – Becher zehn Pfennig – und den Haarschneidesalon.

Die Bauten aus dem 16., 17. und 18. Jahrhundert auf der Brookinsel (Foto links) hatten in den 1880er Jahren der Speicherstadt weichen müssen.

Das Nikolaifleet entspricht dem ursprünglichen Flußlauf der Alster und war als eigentliche Zufahrt in die Stadt breiter angelegt als die anderen Fleete. Die „Holzbrücke" läßt nur breite Schuten durch, die ihre Last zum Hopfenmarkt bringen.

Ein Blick von einer der zahlreichen Brücken auf ein von beiden Seiten mit solchen hohen Speichergiebeln eingefaßtes Fleet gewährt einen eigenartigen Reiz. Diese langen, durchweg etwas windschiefen Giebelfronten sehen malerisch genug aus, um auf den Beschauer einen gewissen poetischen Zauber auszuüben, und wenn die Abendsonne ihre letzten Strahlen darüber wirft, könnten wir uns nach der Lagunenstadt versetzt fühlen, nur daß statt der romantischen Gondel die sehr prosaische, flache, breite Schute die Staffage bildet.

Neugier auf beiden Seiten: Der Tourist, der Fotograf, blickt in eine „höchst interessante" fremde Welt, die Kinder in dem Wohnhof der südlichen Neustadt staunen über den Mann mit der Kamera und sein Interesse an ihnen. Um 1900 beginnt die Sanierung dieses Gebiets.

Abweichend von dem Charakter vornehmer Abgeschlossenheit, welche die Straßen und Häuser in den tiefgelegenen und an Kanälen reichen und fast nur Großhandelszwecken dienenden Stadtteilen auszeichnet, ist der Eindruck, den die hochgelegenen Stadtteile machen; hier dominieren Kleinhandel und Gewerbe. Die dichte Bevölkerung hat hier eine geradezu beispiellose Ausnutzung des Raumes im Gefolge gehabt. Durch finstere, niedere und schmale (oft nur 1/2 Meter breite und 1 1/2 Meter hohe) Gänge, die durch die an der Straße liegenden Häuser führen, gelangt man in die sogenannten „Wohnhöfe", welche dem ärmsten Teil der Bevölkerung Wohnung und Obdach bieten. Die Besichtigung derartiger Höfe in der Steinstraße, Niedernstraße, Spitalerstraße ist für den Fremden im höchsten Grade interessant; es wird ihm – wenn er durch den abschreckenden Eingang vorgedrungen ist – die für Hamburg rühmliche Erscheinung der verhältnismäßigen Sauberkeit nicht entgehen, welche auch diesen Heimstätten eine immerhin bescheidene Behaglichkeit verleiht. Das hygienische Gewissen der Neuzeit hat trotz alledem den Stab über diese Wohnungsform gebrochen, und Hamburgs Gänge und Wohnhöfe werden nach einem Menschenalter verschwunden sein.

Nachdem mit dem 1. Januar 1861 die Torsperre aufgehört hat, ist die Ursache der argen Zusammenpferchung geschwunden und haben die bebauten Bezirke außerhalb der früheren Festungswerke eine ungeheure Ausdehnung angenommen. Die früheren Vorstädte und Bezirke St. Georg, Hammerbrook, Rothenburgsort, Veddel, Hamm, Horn, Eilbeck, Barmbeck, Uhlenhorst und Winterhude einerseits der Alster, St. Pauli, Eimsbüttel, Hoheluft, Harvestehude (Pöseldorf) und Eppendorf andererseits der Alster sind Zeugen hierfür. Diese seit 1. Januar 1894 Hamburg einverleibten Vororte sind in ihrem neueren Teil im Stil moderner Großstadtanlagen gehalten; in den vornehmeren Quartieren der Stadt, namentlich in der Umgebung der Alster, sind die Straßen und Wohnhäuser mit um so mehr Pracht, Luxus und Komfort angelegt.

Auch das Kolorit der alten Stadt verändert sich von Jahr zu Jahr. Die Anspruchslosigkeit unserer Vorfahren hinsichtlich ihrer Geschäftsräume ist einem gewissen Bedürfnis nach Komfort gewichen, und allenthalben erheben sich bereits reichgeschmückte, stil- und charaktervolle Fassadenbauten, sowohl Staatsgebäude als auch Hotels und Restaurationsgebäude, Bank- und Warenhäuser, Geschäftshäuser usw. So seien beispielsweise genannt Dovenhof (mit 130 Comptoiren), Artushof, Laeiszhof, Nobelshof, Karlsburg, das Geschäftshaus der Hamburg-Amerika-Linie am Dovenfleet und deren neues stattliches Verwaltungsgebäude zwischen Alsterdamm und Ferdinandstraße, das Woermannsche Afrikahaus, die Dresdner Bank am Jungfernstieg und die anderen stattlichen Bankgebäude in der Nähe der Börse.

Das erste Hamburger Kontorhaus: Der „Dovenhof" wurde 1885/86 von Martin Haller an der Ecke Brandstwiete/Dovenfleet gebaut. Wie es sich für einen solchen „Palast" gehörte, war er mit allem Komfort ausgestattet.

Zu Füßen der Katharinenkirche an der Gröningerstraße: Hier mischt sich jung und alt. Neben dem altertümlichen Fachwerkhaus mit abwechslungsreicher Fassade ragt ein stereotyp gestalteter moderner Putzbau auf.

Viele Fachwerkhäuser waren um 1900 auch noch in der Spitalerstraße zu sehen. Sie gehörte zum Sanierungsgebiet Altstadt-Nord, in dem Handwerker und Fuhrleute ihr Quartier hatten. Jedes Haus beherbergte im Erdgeschoß ein Geschäft. Dahinter verbargen sich Gänge und Wohnhöfe.

Spitalerstraße Nr. 7 bis 11: Die „Sähle“ genannten Wohnungen in den oberen Stockwerken waren häufig nicht höher als 1,75 Meter. Die ganze Gegend wurde 1907/08 niedergelegt, um – mit der neuen Mönckebergstraße – einem Geschäftsviertel Platz zu machen.

1900 begann der Abriß im Sanierungsgebiet der südlichen Neustadt. Die Kinder aus den Häusern der Straße Eichholz sind zu einem Erinnerungsfoto zusammengerufen worden.

Foto gegenüberliegende Seite: Das Katharinenstraßenfleet durchzog die Cremon-Insel. Es diente dem Verkehr und der Entwässerung, man sieht allerdings die Abwässer förmlich stinken. Für die Besucher um 1900 war es fast wie der Blick ins Mittelalter. Tatsächlich sollte die Gegend in den 30er Jahren als Erinnerungsinsel restauriert werden. Die Bomben von 1943 vernichteten jedoch das gesamte Viertel um die Katharinenkirche. Das Fleet wurde zugeschüttet.

Aus dem Leben im Gängeviertel: Wäsche an der Wasserstelle im Hof; ein Augenblick für den Fotografen; Kinderglück vor einer „Bude“.

Der Schaarmarkt zu Füßen des Michels: Nach der Anlage der Festungswälle im frühen 17. Jahrhundert wurde dieses Gebiet in die Stadt einbezogen; manche Häuser stammen noch aus dieser Zeit des Baubooms. Hier boten um die Jahrhundertwende die Bauern aus den Marschgebieten an der Oberelbe und südlich der Elbe Gemüse und Obst an. Viele kleine Geschäfte bestimmten das Bild am Rand. Auf dem Schaarmarkt stand auch eine Warmbadeanstalt mit kleiner Schwimmhalle. Haben die Kinder mit den eingerollten Handtüchern unterm Arm schon das Vergnügen gehabt, oder freuen sie sich noch darauf?

Holländische & Weiss-Waaren-Handlung
J.G.H.Sube.
Papier & Schreibutensilien
Schulweg No 29.
Thee Caffee Colonialwaaren
Alle Sorten
SUNLIGHT

Das Haus der Patriotischen Gesellschaft steht an der Stelle des 1842 abgebrannten alten Rathauses. Es wurde 1845–1847 errichtet und sollte mit seinem roten Backstein ein Vorbild für künftige Architekten sein. Bis ins nächste Jahrhundert hinein zeigte das Beispiel jedoch kaum Wirkung. Das mit einem großen Gestell verzierte Dach kündet von der neuen Zeit des Fernsprechens. Die Trostbrücke zwischen Alt- und Neustadt mit den Statuen der beiden Stadtgründer wurde 1882 fertiggestellt.

Einen Prunkbau mit 136 Wohnungen für ihre Mitglieder hatte die Allgemeine Deutsche Schiffszimmerer-Genossenschaft 1900 im Dreieck von Zeughaus-/Seewarten- und Dovestraße errichten lassen. Im Volksmund hieß er „Arbeiterschloß". Es wurde 1943 teilweise zerstört und 1957 endgültig abgerissen.

Hamburgs Fischmarkt lag an einem Verkehrsknotenpunkt mitten in der Stadt, zwischen dem Berg und den Gewässern von Alster und Elbe, zwischen Berliner Bahnhof und Börse, zwischen Hafen und Jungfernstieg. Im Hintergrund sieht man die Kornhausbrücke. Der Kaiser-Karl-Brunnen sollte an Karl den Großen erinnern, der 810/11 bei der Hammaburg eine Taufkirche errichtete, den Ursprungsbau von St. Petri.

Als repräsentative Begrüßung im Stadtteil Eimsbüttel diente dieser Mehrzweckbau, an dem sich der Neue Pferdemarkt in Schulterblatt (links) und Schanzenstraße (rechts) teilt.

Als verkehrsreich mag man um 1900 diese Stelle empfunden haben, an der sich heute der Verkehr durch den Deichtortunnel in die Ost-West-Straße ergießt. Orientierungshilfe bieten links die Straße Dovenfleet und der Turm der Katharinenkirche. Mit der Ringbahn konnte man für zehn Pfennig in 40 Minuten einmal um die Innenstadt herumfahren. Die Linie 21 fuhr zwischen Hallerstraße und Rothenburgsort mitten durch die Stadt.

R
Ringbahn.
26
26
701
Ringbahn.
Thee & Caffee Handlung

Inbegriff von Fernweh – der Blick vom Stintfang über die Landungsbrücken, wie sie seit 1910 existieren. 1911 wurde der (alte) Elbtunnel in Betrieb genommen, dessen Kuppelbau über dem Fahrstuhlschacht rechts zu sehen ist.

DER HAFEN

Der gewaltige Ausbau des Hamburger Hafens setzte 1866 ein, zusammen mit der Entscheidung für einen offenen Tidehafen. Bis dahin hatten die Schiffe mitten im Strom an den für Hamburg typischen Duckdalben, Bündeln von Rammpfählen, festgemacht; die Be- und Entladung wurde von Schuten bewältigt. Die Umstellung vor allem des überseeischen Handels auf immer größer werdende Dampfschiffe stellte an das Tempo des Umschlags im Hafen erhöhte Anforderungen.

Die ersten Hafenbecken mit jeweils zwei Kaianlagen (Sandtor, Grasbrook, Baaken) entstanden noch vor der Bildung des Freihafens 1888 auf der rechten Seite der Elbe. Danach war nur noch Platz auf der linken Elbseite: Hier wurden in den 1890er Jahren der Segelschiff-, der Hansa- und der Indiahafen in Betrieb genommen. Auch noch innerhalb des Freihafengebiets wurden Binnenschiffhäfen eingerichtet: der Moldau-(Oberländer-)hafen mit dem Prager Ufer, der Saalehafen mit dem Halleschen Ufer und der Spreehafen mit dem Berliner und dem Potsdamer Ufer.

Um die Jahrhundertwende wurden auf Steinwerder drei weitere Hafenbecken gebaut: Kuhwerder, Kaiser Wilhelm und Ellerholz. Auf der Elbinsel finden sich auch die meisten Hamburger Werften: als älteste die Reiherstieg-Werft, die 1846 gegründete Stülckenwerft sowie die Werft von Hermann Blohm und Ernst Voss, die 1877 ihre Arbeit aufnahm und sich innerhalb weniger Jahre zur führenden Werft Deutschlands entwickelte. Die 1890er Jahre waren eine Boomzeit der Werftindustrie. Ein Zweigwerk der Stettiner Vulkanwerft wurde 1909 in Hamburg eröffnet.

Der Hamburger Hafen machte im letzten Drittel des 19. Jahrhunderts eine stürmische Entwicklung durch: Abgesehen vom Kriegsjahr 1870 zeigte die Kurve nur steil nach oben, ob bei der Anzahl der ankommenden Seeschiffe oder ihrem Nutzraum, bei Gewicht und Wert der Ein- und Ausfuhr über See. Im Hamburger Seeverkehr zeigte sich auch die zunehmende Bedeutung der deutschen, vor allem hamburgischen Handelsflotte: 1866 segelte – in Bruttoregistertonnen gerechnet – mehr als die Hälfte der in Hamburg einlaufenden Schiffe unter englischer Flagge, nur ein Drittel unter deutscher; um 1900 war es genau umgekehrt. Die importierte Ware kam überwiegend aus europäischen Häfen; englische Steinkohle hatte daran großen Anteil. Die Ausfuhren verteilten sich dagegen gleichermaßen auf Europa und Übersee.

Der ganze Stolz der Hamburger war natürlich die seit den 80er Jahren in „solider Backsteinarchitektur“ fertiggestellte Speicherstadt zwischen Elbe und Stadt. Sie wurde später, in den Anfangsjahren des 20. Jahrhunderts, ständig erweitert, denn der Umschlag von Kolonialwaren nahm stark zu. Am eindrucksvollsten ist der Kaiserspeicher auf dem Kaiserhöft, der 1892 bis auf die Außenmauern niedergebrannt war; er wurde nach neuesten Erkenntnissen wiederaufgebaut, u. a. mit hydraulischen Krananlagen. (1963 wurde er als „nutzloses“ Bauwerk abgerissen.)

Die Anlegepontons vor der Einfahrt zum Hafen hießen zwar damals schon „St. Pauli-Landungsbrücken“, hatten aber ein ganz anderes Gesicht als heute. Früher hatten sie die Passagiere der „großen“ Schiffe genutzt; um 1900 reichten sie weder für den gestiegenen Fährverkehr im Hafen und auf der Unterelbe noch für die immer beliebteren Fahrten zu den Bädern an der Nordsee mehr aus. Die neue Anlage mit großer Abfertigungshalle und einem Turm für die Wasserstandsanzeige wurde erst 1907–1909 errichtet.

Hamburg gehört zu den größten Containerhäfen der Welt. Mit einem jährlichen Umschlag von mehr als drei Millionen TEU (Bezeichnung für den 20-Fuß-Standardcontainer) liegt Hamburg an sechster Stelle. Etwa 90 Prozent des gesamten Stückguts werden in Containern transportiert.

Ein neuer Elbtunnel als Autobahn und eine Hochbrücke über den Köhlbrand zur Verbindung der Hafenteile waren in den 70er Jahren eine Auswirkung des Container-Erfolgs im Welthandel.

Der Hafen ist die Lebensader Hamburgs, hier ist die Pulsader des ab- und zuflutenden Weltverkehrs am besten zu fühlen. Die zahllosen Fäden, welche den deutschen Handel mit den entlegensten Winkeln des Erdballs verbinden, laufen hier wie in einem Knotenpunkt zusammen, und wer sich einmal so ganz den Suggestionen des Hamburger Hafens überließ, der wird – um mit Zarathustra zu reden – das Gefühl gehabt haben, als ob ihm die Weltluft „selig die Nüstern kitzle". Hier sind wir nicht mehr in einem kleinen Staat, hier sind wir in der Welt. Hier weht Luft aus allen Zonen, Klang und Duft aus allen Längen und Breiten der Erde. Die stolzen Masten der Schiffe ragen in blaue Höhen, ihr gierigscharfer weltmeerdurchfurchender Bug weist in blaue Weiten. Hier braust dir in einem Augenblick durch alle Adern das ganze Kraftgefühl der Menschheit.

Noch um 1900 üblich: Be- und Entladung der mitten im Strom festgemachten Segelschiffe

Wer den Hamburger Hafen in seinem Sonntagskleide sehen und mit allen seinen Reizen und in seiner ganzen Eigenart genießen will, der muß ihn an einem klaren, sonnigen Arbeitstage sehen – es gibt kein überwältigenderes Bild der Arbeit als dieses. Hier scheinen sich alle Geräusche der Welt zu vereinigen zu einer rollenden, surrenden, hämmernden, pfeifenden, stöhnenden Symphonie der Arbeit, und das Heulen der Schiffssirenen klingt darein wie ein wildauffahrender, wahnsinniger Wutschrei der unterjochten Naturkraft.

Auf diesem großartigen Welthandelstheater, dessen Hintergrund die riesigen Speicher, dessen Kulissen die endlosen Quais der einzelnen Hafenbassins und die langen Schiffsreihen bilden, ändern sich die Szenen und wechseln die handelnden Personen von Stunde zu Stunde, doch der Schauplatz ist so ausgedehnt, daß man stets nur einzelne Teile desselben übersehen kann, aber wo man auch hinblickt, stets ist die Handlung neu und interessant. So ist der Hafen Hamburgs eines der größten Zeugnisse des Welthandels, und Tausende und Abertausende Binnenländer, welche den Zauber dieser höchst merkwürdigen, interessanten und eigenartigen Hafenwelt genießen konnten, verdanken diesem glücklichen Umstand ihre ersten konkreten Vorstellungen von der Großartigkeit des deutschen Seehandels überhaupt.

Gedränge an den St. Pauli-Landungsbrücken: Die Menschen im Sonntagsstaat wollen eine Fahrt auf der Elbe oder durch den Hamburger Hafen genießen. Die neuen Landungsbrücken entstehen erst 1906–1910.

Hafen-Rundfahrten täglich mehrmals von Bangert's Hafen-Rundfahrt vom Baumwall mit mündlicher Erklärung und anschließendem Besuch eines Ozean-Dampfers sowie von Hunold's oder Käse's Rundfahrt-Dampfern. – Für den Geschäftsverkehr sind regelmäßige Hafen-Rundfahrten eingerichtet von den Dampfern der Hafen-Dampfschiffahrts-Gesellschaft (grüne Boote), der Hafen-Rundfähre (weiße Flagge im Steven) und den Jollenführer-Dampfern.

Das **Freihafengebiet.** Am 15. Oktober 1888 wurde Hamburg, das bis dahin neben Altona und Wandsbek Zoll-Ausland gewesen war, in das deutsche Zollgebiet einbezogen. Um jedoch Schiffahrt, Handel und Industrie (speziell für Export) die weitgehendste und von keinerlei Zolleinschränkungen beengte Bewegungsfreiheit zu sichern, wurde ein Freihafengebiet von 1015 Hektar geschaffen. Die Grenze des Freihafengebietes bilden nach der Stadt zu der Zollkanal, Binnen- und Niederhafen, sonst ist dasselbe durch hohe Planken und Gitter begrenzt; die Grenze wird zollamtlich bewacht wie jede Auslandsgrenze. An den verschiedenen nach dem Freihafengebiet führenden Brücken befinden sich Zollabfertigungsstellen.

Freihafenspeicher. Überschreitet man den Zollkanal auf einer der verschiedenen Brücken, so gelangt man in eine große Speicherstadt, imposante Gebäudeblocks, die mit Buchstaben und Nummern versehen sind und die Lager und Comptoire der Kaffee-, Wein-, Tabaksbranchen etc. enthalten, die hier ohne Zollerschwerungen ihre Waren lagern und eventuell auch bearbeiten wollen und sie wieder ins Ausland bringen. Die Speicher sind so angelegt, daß sie mit einer Längsfront an einer Quaistraße, mit der anderen am Wasser liegen; sie sind mit elektrischem Licht und nach allen Seiten mit bequemen Einrichtungen zum Aufnehmen und zum Verladen von Gütern zu Wasser und zu Lande versehen. Mit Ausnahme einiger Staatsspeicher sind diese Speicher von der Freihafen-Lagerhaus-Gesellschaft erbaut, und zwar auf einem Terrain, das erst durch Niederlegung eines enggebauten Stadtteils mit 24 000 Einwohnern gewonnen werden konnte.

Der „moderne" Hafen: Be- und Entladung der am Kai liegenden Frachter mit Dampfkränen und Rutschen

Die **Quais.** Über zehn Kilometer gemauerter Quaistraßen umsäumen die einzelnen Häfen; sie sind mit zahlreichen festen und fahrbaren Dampfkränen versehen, welche die Schiffe befrachten und löschen. Insgesamt sind 185 000 Quadratmeter der Quais überdacht und bieten so vorübergehenden Lagerraum. An der Hinterfront dieser Schuppen laufen normalspurige Schienengleise hin, die in direkter Verbindung mit den Eisenbahnen stehen, so daß die auf der einen Seite aus den Schiffen kommenden Waren auf der anderen Seite des Schuppens sogleich wieder verfrachtet werden können.

Die **Häfen.** Wir betreten den eigentlichen Freihafen vom Baumwall aus, wo schwimmende Palisaden die Grenze bilden. Zur Linken erhebt sich hier an einem Lagerschuppen ein hoher Turm, welcher oben den Zeitball trägt. Derselbe wird kurz vor Mittag hochgezogen und fällt in dem Augenblick herunter, wenn es auf dem Meridian von Greenwich zwölf Uhr ist, d. i. nach mitteleuropäischer Zeit also genau ein Uhr; die Schiffer regeln hiernach ihre Chronometer. – Die am Turm befindlichen Zifferblätter sind Wasserstandsanzeiger. Die Zifferblätter sind in zehn Teile geteilt, die beiden Zeiger geben den Wasserstand in Meter und Zentimeter an. Die täglich zweimal eintretende Flut erhöht den mittleren Wasserstand (bei Ebbe) um zwei Meter, bei Sturmflut auch um vier bis fünf Meter. Es ist jedoch kein Seewasser, welches die Flut bringt, sondern zurückgestautes Flußwasser. Bei Flut können die größten Seedampfer in der Regel bis nach Hamburg kommen, nachdem sie bei Brunshausen geleichtert (d. h. einen Teil ihrer Ladung gelöscht) haben. Die Oberelbischen Fracht-

Nach dem Prinzip der ersten Eisenbahnbrücke von 1872 wurde 1884–1887 die „Neue Elbbrücke" als erste Straßenverbindung über die Norderelbe errichtet. Die mächtigen Portale mußten 1957 der Erweiterung für den Autoverkehr weichen.

kähne können der Flut wegen nicht weiter elbabwärts gehen. Die einzelnen Häfen sind so angelegt, daß sie ähnlich wie Sackgassen vom Hauptstrom der Elbe abgehen. Die Schiffe liegen hier direkt an den Quais oder sind inmitten der Wasserflächen an mächtigen Pfahlbündeln (Duc d'Alben) vertäut.

Elbaufwärts gewahren wir die zwei mächtigen Elbbrücken, die erstere ist für den Eisenbahnverkehr bestimmt und viergleisig aufgebaut, die obere dient dem Straßenverkehr; die beiden Brückenköpfe stellen das Hamburger Wappen dar (stattliche Portale im Stil mittelalterlicher Stadttore). Die Eisenbahnbrücke ist zugleich die Zollgrenze elbaufwärts.

Weiter elbabwärts steht gewissermaßen als ein Wahrzeichen des Hamburger Hafens der 150-Tonnen-Kran, der ein Gewicht von 300 000 Pfund hebt und als Gegengewicht mit einem Ballast von 5000 Zentnern beschwert ist; dieser Riesenkran dürfte der größte Kran der Welt sein.

An den Segelschiffhafen, der übrigens auch Dampfer aufnimmt, schließen sich der Hansa- und Indiahafen, und neben diesen liegt der Eingang zum Petroleumhafen, der durch schwimmende Wellblechtore abgeschlossen ist und das Petroleum in Fässern und Tanks auf Lager nimmt.

Am Amerikahöft, der Spitze zwischen Segelschiff- und Petroleumhafen, liegt eine der verschiedenen im Gebiet des Freihafens vorhandenen Volks-Kaffee- und Speisehallen. In den unteren Räumen erhalten Arbeiter gegen ein Geringes gutes Essen, in den oberen Räumen ist bessere Restauration. Von hier bietet sich auch eine wundervolle Aussicht über den Hafen.

Weiterhin folgen am linken Ufer eine Reihe kleinerer und mittlerer Schiffswerften mit ihren Trocken- und Schwimmdocks, zuletzt die Schiffswerft von Blohm & Voss, die zweitgrößte Werft Deutschlands mit dem größten deutschen Schwimmdock, das Schiffe bis zu 17 500 Tons aus dem Wasser heben kann.

Hinter der Werft von Blohm & Voss sind auf Kuhwärder drei weitere große Häfen im Bau begriffen, darunter auch ein neuer Hafen für die Hamburg-Amerika-Linie, um dem wachsenden Raumbedarf derselben zu genügen.

Schräg gegenüber liegen die St. Pauli-Landungsbrücken, über ihnen auf der Höhe die Seewarte, das Seemannshaus und Wiezels Hôtel. Die herrliche Aussicht von hier oben verlohnt den Aufstieg.

Das 1863 errichtete Seemannshaus, auf dem ehemaligen Hornwerk belegen, im Jahre 1900 umgebaut, gewährt den Seeleuten gegen ein Billiges gute Unterkunft; es enthält auch die Navigationsschule, das Seemanns-Amt, Seeamt, die Heuerstelle des Vereins Hamburger Reeder und die Seemanns-Mission.

Von hier oben vermögen wir nochmals den größten Teil des prächtigen Hafenbildes mit einem Blick zu erfassen und die ganze Menge überraschender und anfänglich fast verwirrender Einzelheiten wie in einem Panorama wohlgeordnet zu überschauen. Die scheinbare Regellosigkeit löst sich hier vor unseren Augen in die strengste Ordnung auf. In langen Reihen – breite Gassen bildend – liegen die zahllosen Schiffe wohlgeordnet hintereinander. So weit das Auge reicht, reiht sich Schiff an Schiff, das Ende ist nicht abzusehen, und noch in der Ferne nichts als Schiffsrümpfe und Mastspitzen mit flatternden Wimpeln. Und überall auf dem Strome unaufhörliche Bewegung: Ruderboote schießen zwischen den Schiffen hindurch, Schleppdampfer kommen und gehen. Kleine Dampfer vermitteln den Verkehr von Ufer zu Ufer, von Hafen zu Hafen, andere besorgen den Personenverkehr in dem weitausgedehnten Wasserrevier; Schuten und Leichter legen an den großen Dampfern an, um sie zu löschen oder zu befrachten; schwerbeladen kommen und gehen die Schiffe, und unbeirrt um das rege Leben rings um sich herum, schaukelt der Elbbuttfischer in seiner Nußschale auf dem Wasser und wirft ruhig seine Netze aus.

Herrmann Blohm und Ernst Voss (darunter), Begründer der weltberühmten Werft, die noch heute existiert

Dichtes Treiben auch an den Nebenschauplätzen des Hafens: Zwischen Leichter und Dampfschlepper („Max & John") gelingt dem Hafenfischer mit seinem Wurfnetz noch ein guter Fang.

Blick von den neuen St. Pauli-Landungsbrücken: Im ersten Jahrzehnt nach 1900 beginnen im Hafen die Dampfer das Bild zu beherrschen.

Carl Ferdinand Laeisz, Inhaber der Reederei mit den schnellsten und größten Seglern der Welt

Das Fünfmast-Vollschiff „Preußen" wurde 1902 im Auftrag der Reederei Laeisz für den Handel mit Südamerika gebaut. Bereits seit 1895 hatte die Fünfmastbark „Potosi" Rekorde bei der Überquerung des Südatlantiks aufgestellt.

Foto gegenüberliegende Seite: Die kleine Besatzung auf einem Schoner hält kurz still für den Fotografen. Ihre Aufgabe ist der Weitertransport der gelöschten Waren.

Großer Empfang für hohe Gäste vor dem Hafentor (im Vordergrund): Die Uferpromenade ist gesäumt mit Schaulustigen. Im Hintergrund erstrecken sich die Werftanlagen von Steinwerder. 1885–1890 wurden auf dem nach 1840 hochwassersicher aufgeschütteten Steinwerder 3000 Menschen angesiedelt.

In den Segelschiffhafen kommt man auch schon unter Dampf. Der Umschlag erfolgt direkt in die Flußkähne und andere Binnenschiffe. Schlepper und Festmacher haben offensichtlich gerade ihre Arbeit erledigt.

Rauch bestimmt das Bild des Hafens mehr und mehr; links der 1875 errichtete Kaiserpeicher mit dem Zeitball, im Hintergrund Werftanlagen. Der Kaiserspeicher wurde 1963 gesprengt, um dem Backsteinkoloß von Kaispeicher A Platz zu machen.

Im Trockendock am Reiherstieg liegen der Dampfer „Borussia“ und Dreimast-Segler friedlich nebeneinander. Im Hintergrund ist die Speicherstadt zu erkennen.

Blick von der Kehrwiederspitze auf die Uferstraße Baumwall, noch ohne Hochbahn – statt dessen herrscht reger Barkassenverkehr. Die Barkasse in der Mitte ist nach dem Hamburger Bankier Salomon Heine benannt.

Die Errichtung der Kaianlagen am Sandtor mit Schuppen und Dampfkränen war 1866 der entscheidende Schritt zum modernen Hafen. Der erste Komplex der Speicherstadt auf der Kehrwiederinsel war 1889 fertiggestellt. An der Erweiterung dieses riesigen Lagerhauskomplexes wurde in den 1890er Jahren unentwegt gearbeitet. Rechts im Vordergrund die Polizeiwache 6, dahinter das erste Verwaltungsgebäude mit Erker und Türmchen in Erinnerung an die vorher hier stehende St.-Annen-Kapelle.

Panoramablick über den Hamburger Hafen von Wiezels Hôtel auf der Elbhöhe: Vom Niederhafen und von den alten Landungsbrücken (vorn rechts) verlagerte sich das Geschehen mehr und mehr zu den neuen Hafenbecken bei der Speicherstadt hinter dem markanten Kaiserspeicher mit dem Zeitball.

Am Binnenhafen gleich neben der Hohen Brücke: Bierfässer der Bavaria-Brauerei werden über geteerte Rutschen per Hand in Ewer verladen. Hier ist noch Zollinland, während die Speicherstadt auf der anderen Seite schon im Zollausland liegt.

Blick von der Elbe auf zwei markante Punkte bei der Hafeneinfahrt: unten das 1895 neu erbaute Fährhaus St. Pauli und oben die bereits 1881 bezogene Deutsche Seewarte

Schwerstarbeit im Niederhafen: Die vom Frachter aus Newcastle gelöschte Kohle wird per Hand von der Schute an Land getragen.

Der Niederhafen zwischen Baumwall und Vorsetzen bietet dem Fotografen um die Jahrhundertwende immer noch das klassische Bild.

Das Hamburger Rathaus wurde zu seinem hundertsten Geburtstag 1997 neu herausgeputzt. Der Rathausmarkt war bereits in den 1980er Jahren umgestaltet worden.

ÖFFENTLICHE BAUTEN, KRANKENHÄUSER UND DENKMÄLER

Die Entwicklung Hamburgs zu einer modernen Großstadt wird durch zahlreiche öffentliche Bauten dokumentiert, die in den beiden Jahrzehnten vor der Jahrhundertwende entstanden sind.

55 Jahre hatten sich die Hamburger nach dem Großen Brand von 1842 mit Provisorien abgeben müssen, bis sie wieder ein Rathaus hatten. Bei den Planungen für eine „neue Stadt" war der Platz zwischen der vor den Flammen geretteten Börse und der Kleinen Alster für den Neubau eines Rathauses freigehalten worden. Wirtschaft und Politik sollten Rücken an Rücken die neue Mitte Hamburgs bilden. Nach mehreren Planungsanläufen wurde das Gebäude von einer Architektengemeinschaft mit Martin Haller an der Spitze innerhalb von elf Jahren fertiggestellt. Ein neuer Turm prägte nun das Stadtbild, so hoch, wie das ganze Gebäude breit ist.

Ebenso stolz wie auf ihr neues Rathaus waren die Hamburger um 1900 natürlich auf ihre altehrwürdige Börse, die bereits 1558 als erste derartige Institution in deutschen Landen gegründet worden war. Der 1839–1841 errichtete Neubau im spätklassizistischen Stil konnte vor den Flammen des Großen Brandes gerettet werden.

Ein weiteres wichtiges Verwaltungszentrum liegt an der Ecke Neuer Wall/Stadthausbrücke: Das 1710/11 als „Stadthaus“ errichtete Görtz-Palais wurde ab 1722 als Kaiserliche Gesandtschaft, in der Franzosenzeit als Mairie und danach als Polizeibehörde genutzt. Deren zunehmende Aufgaben führten 1888–1892 zu einem großen Erweiterungsbau, der 1909–1912 noch einmal beträchtlich ergänzt wurde.

Zum bevorzugten Standort weiterer großer Verwaltungsbauten wurde die neue (nach dem Wiener Vorbild so genannte) Ringstraße zwischen Dammtor und Holstentor: Am 5. Februar 1887 hatte Generalpostmeister Heinrich von Stephan das neue Post- und Telegraphengebäude nach vierjähriger Bauzeit eröffnet. In unmittelbarer Nachbarschaft wurde 1891 nach zweieinhalbjähriger Bauzeit das Gebäude der Generalzolldirektion vollendet. Vier Jahre später war das Gebäude für das Versicherungswesen fertiggestellt, besonders massiv und feuersicher wegen der vielen unersetzlichen Akten.

Der Platz vor dem Holstentor wurde für die Rechtspflege genutzt: Das Strafjustizgebäude mit dem Untersuchungsgefängnis für etwa 300 Personen „männlichen und weiblichen Geschlechts“ wurde 1879–1882 errichtet; südlich gegenüber entstand 1898–1903 das Ziviljustizgebäude; der Bau des Oberlandesgerichts begann erst 1906.

Die wachsende Stadtbevölkerung machte einen Ausbau der Versorgung mit Gemüse und Obst sowie Fleisch und Fisch notwendig. Ein Marktplatz mit entsprechenden Einrichtungen für den Großhandel entstand nach dem Großen Brand vor der Nikolaikirche: Es gab feste Stände und Landungsmöglichkeiten für die Händler. Wegen der zunehmenden Nachfrage breitete sich ein zweiter Markt vor allem für frisches Obst und Gemüse aus den Vier- und Marschlanden am Meßberg aus.

Die Oberpostdirektion und das Unilever-Hochhaus: Hamburgs City ist heute ein Ort der Kontraste.

1867 wurde der Viehmarkt an den Bahnhof Sternschanze verlagert; 1888–1892 entstand südlich davon der zentrale Schlachthof. Der große Aufschwung der Hochseefischerei verlangte auch nach einem Großfischmarkt: 1887 fand in St. Pauli die erste Auktion statt; 1898 wurde in Konkurrenz zur bereits 1895/96 errichteten Altonaer Fischauktionshalle eine neue große Halle gebaut. Der Umschlag in beiden Hallen verdoppelte sich im ersten Jahrzehnt des 20. Jahrhunderts auf fast 30 000 Tonnen Fisch. Altona wurde zur „Stadt der Bücklinge“. Die Hamburger Halle fiel 1971/72 dem Abriß zum Opfer, die Altonaer Halle wurde dagegen 1982–1984 restauriert.

Erst nach dem Abbruch des Berliner Bahnhofs (1906) entstanden die drei großen Markthallen am Deichtor. Eine besondere Attraktion waren damals wie heute die Flohmärkte, vor allem der Karrenhandel in den Straßen um den Großneumarkt, vorzugsweise in der Elbstraße, der heutigen Neanderstraße, im Volksmund „Judenbörse“ genannt.

Denkmäler haben in Hamburg selten einen festen Ort: Die Gruppe der allegorischen Gestalten um das Reiterstandbild Wilhelms I. zog 1930 vom Rathausmarkt auf das Justizforum um und ist inzwischen auch dort ganz an den Rand gerückt.

Das 1886–1889 erbaute und später erweiterte Allgemeine Krankenhaus Eppendorf sollte eigentlich das aus dem Jahre 1823 stammende Allgemeine Krankenhaus St. Georg ablösen, das nur noch als „Siechenhaus" dienen sollte. Doch zeigte sich bald, daß bei täglich 3000 Kranken auf das Hospital in St. Georg nicht verzichtet werden konnte. 1898 begann eine umfangreiche Neugestaltung durch Um- und Erweiterungsbauten. 1910 wurde sogar mit dem Bau eines weiteren staatlichen Krankenhauses in Barmbek begonnen. Das im Seemannshaus untergebrachte Institut für Schiffs- und Tropenkrankheiten konnte 1914 einen Neubau in unmittelbarer Nähe beziehen. Bereits Ende 1900 war das Hafenkrankenhaus fertiggestellt worden, eine Art Polizeikrankenhaus; in der gekühlten Leichenschauhalle gab es Schauzellen mit doppelten Glasscheiben, hinter denen unbekannte Leichen zur Identifizierung aufgestellt wurden. Die Anfänge der „Irrenanstalt" Friedrichsberg liegen im Jahr 1861; ihre Zweigstelle in Langenhorn wurde 1898 selbständig.

Besonders imposante Denkmäler hatte Hamburg um 1900 nicht aufzuweisen: Große Herrscher sind in einer Republik nicht vorgesehen, und auch von den Bürgermeistern des 19. Jahrhunderts hat es nur Carl Friedrich Petersen (1809–1892) zur Ehre eines Standbildes gebracht (1897 aufgestellt); er war 1853 auf Lebenszeit in den Senat gewählt worden, leitete 1861–1874 die Polizeibehörde und wurde Ende 1875 zum ersten Mal zum Bürgermeister gewählt. Er ist in seiner alten Amtstracht auch heute noch auf dem Platz vor dem Stadthaus zu bewundern. Bürgermeister Gustav Heinrich Kirchenpauer (1808–1887) mußte sich mit einer 1889 enthüllten Büste vor der Gewerbeschule begnügen.

Neben lebensgroßen Statuen für die Dichter Lessing und Schiller (heute auf dem Gänsemarkt bzw. am Dammtor) gab es kleinere Denkmäler für verdiente Hamburger Bürger wie den Aufklärer Johann Georg Büsch (1802, heute vor der Universität), den Feuerwehr-Reformer Johann Georg Repsold (1833, Museum für Hamburgische Geschichte), den Unternehmer Heinrich Christian Meyer (1854, heute am Mittelkanal in Hammerbrook) den Gehörlosen-Lehrer Samuel Heinicke (1895, heute im Seelemannpark in Eppendorf) und Friedrich Wilhelm Kipping (1893).

Denkmäler gab es auch als Zierde für Brunnenanlagen, etwa in St. Georg auf dem Hansa-Platz (1878). Der 1878 auf dem Meßberg errichtete Vierländerin-Brunnen steht heute vor der Nikolaikirche. 1889 wurde auf dem Fischmarkt ein Brunnen mit dem kupfernen Standbild Karls des Großen errichtet; Überreste finden sich heute hinter der katholischen St.-Ansgar-Kirche an der Ludwig-Erhard-Straße.

Staatsbauten wie die von Fritz Schumacher entworfene Finanzbehörde am Gänsemarkt/Ecke Valentinskamp wurden bis in die 20er Jahre errichtet.

Funktionswandel für historische Bauten: Die Altonaer Fischauktionshalle von 1896 wurde 1982–1984 aufwendig renoviert und zu einem Veranstaltungszentrum umgebaut.

Mehrere Brücken sind mit Gestalten aus der Geschichte Hamburgs geschmückt: 1883 wurden auf der 1881 erneuerten Trostbrücke Standbilder aus rötlichem Sandstein für die beiden mittelalterlichen Schirmherren der Stadt, Bischof Ansgar und den Schauenburger Grafen Adolph III., enthüllt; am Eingangstor zur Speicherstadt wurden 1888 zwei riesige Allegorien auf Deutschland und Hamburg aufgestellt; vier berühmte Seehelden finden sich an der 1897 fertiggestellten Brücke für die neue Seewartenstraße, die im ehemaligen Stadtgraben über die ebenfalls neu geschaffene Helgoländer Allee hinwegführt.

Nur ein „nationales" Denkmal ist um 1900 in Hamburg zu finden, das 1877 an der Esplanade enthüllte Denkmal für die namentlich genannten gefallenen Hamburger im Deutsch-Französischen Krieg; es steht seit 1925 an der Fontenay. Aber die Hamburger und ihre Besucher konnten sich um die Jahrhundertwende schon auf zwei monumentale Bekenntnisse zur Nation freuen: 1898 war beschlossen worden, auf den Rathausmarkt ein kolossales Reiterstandbild von Kaiser Wilhelm I. innerhalb einer Balustrade zu stellen; es wurde am 20. Juni 1903 feierlich enthüllt und 27 Jahre später an den Sievekingsplatz verrückt. 1901 wurde ein Wettbewerb für ein Bismarck-Denkmal ausgeschrieben: Auf der Elbhöhe entstand aus Granit eine 15 Meter hohe Rolandgestalt, die am 2. Juni 1906 enthüllt wurde.

Am Rathausmarkt, dem Mittelpunkt des städtischen Verkehrs, erhebt sich **das neue Rathaus**, das hervorragendste Gebäude Hamburgs, gekrönt von einem 111 Meter hohen Turme mit dem Reichsadler auf der Spitze. Es ist ein prunkvoller Sandsteinbau im deutschen Renaissancestil, nach dem gemeinsamen Entwurf von neun Hamburger Architekten erbaut. Die Grundsteinlegung erfolgte im Jahre 1886, das Richtfest fand 1892 statt, die Einweihung 1897. Die Bau- und Einrichtungskosten betrugen über zehn Millionen Mark. Die Außenseiten sind reich mit Giebelfiguren, Bronzebildnissen, Standbildern, Wappen usw. geziert. An der Hinterfront stellen zwei Flügel des Rathauses die Verbindung mit der Börse her und umschließen mit dieser den Ehrenhof mit dem Hygieia-Brunnen. Durch ein schmiedeeisernes Tor gelangt man vom Rathausmarkt in die Turmhalle und durch diese auf die Rathausdiele. Rechts derselben befindet sich die Haupttreppe des Senats, welche oben in das Senatsgehege führt mit der Rathausstube und dem Arbeitszimmer des präsidierenden Bürgermeisters. Schöne Gittertore aus geschmiedeter Bronze trennen das Senatsgehege von den reich ausgestatteten verschiedenen Festräumen: Phönixsaal, Waisenzimmer, Bürgermeistersaal, Saal der Republiken, Kaisersaal, Bürgersaal und dem Festsaal an der Hofseite: 41 Meter lang, 18 Meter breit und 15 Meter hoch. Aus dem Bürgersaal gelangt man in das Foyer und den Sitzungssaal der Bürgerschaft, einen der schönsten Parlamentsräume der Gegenwart.

Im Hof des 1897 fertiggestellten neuen Rathauses wurde für die Göttin der Sauberkeit der Hygieia-Brunnen aufgestellt: ein Lob auf die Reinheit des Hamburger Wassers, nachdem die Cholera 1892 ihr Drachenhaupt erhoben hatte. Symbolisch und praktisch zugleich war die Anlage, sorgte sie doch für angenehm klimatisierte Luft im Rathaus.

Die übrigen Räume des Rathauses enthalten die Geschäftszimmer der Bürgerschaft, des Senats, der Staatshauptkasse, des Staatsarchivs, der Finanzdeputation und der Deputation für Handel und Schiffahrt.

Der **Ratsweinkeller** im Kellergeschoß des Rathauses umfaßt 920 Sitzplätze. Am Eingang befindet sich eine aus dem alten Ratsweinkeller im Eimbeck'schen Hause gerettete **Bacchus-Statue**. Die beiden Haupträume sind „die bunte Kuh" (das Hamburger Admiralitätsschiff) und der Grundsteinkeller, rechts liegt der Rosenkranz, eine speziell den Damen geweihte prachtvolle Trinkstube, links der Remter mit Remterlaube.

Die Seele Hamburgs ist die **Börse,** das lebendig pulsierende Herz der Welthandelsstadt. Hier trifft alles wie in einem Brennpunkt zusammen, was an geistiger Kraft, an Intelligenz, kaufmännischer Erfahrung, Tatkraft und Macht vorhanden und darauf gerichtet ist, in der Wahrnehmung der eigenen Interessen auch die Handelsgröße Hamburgs und die Wohlfahrt des Gemeinwesens zu fördern. Es ist stets echt hanseatische Art gewesen, neben dem Blicke auf die eigenen Angelegenheiten auch ein offenes Auge für das Allgemeine, das große Ganze, den Staat, zu haben.

In Hamburg fängt der Mensch erst beim Börsenbesucher an. Der Kaufmann, Bankier, Reeder und Makler, jeder der mitzählen will, muß täglich zur Börse. Hier ist die große Zentrale, von der die Leitung der gewaltigen Schiffahrt Hamburgs ausgeht. Was in den wenigen Börsenstunden geplant, abgemacht und abgeschlossen wird, verwirklicht sich in den unzähligen Häfen der ganzen Erde, wenn die Kapitäne ihre Befehle erhalten und danach ihre Reisen antreten. So ist die Börse das rastlos denkende Gehirn des Hamburgischen Welthandels. Alles greift hier ineinander, indem sich aus den unzähligen kleineren und größeren Interessenkreisen und Spezialzweigen die imposante Einheit des Welthandels aufbaut.

Das Hauptgebäude der Börse im Stile der italienischen Renaissance wurde in den Jahren 1836–1841 aufgeführt und blieb 1842 bei dem Großen Brand durch todesmutige Anstrengungen einiger beherzter Bürger von dem ringsum züngelnden Flammenmeer verschont. Seitdem ist das Gebäude fast um das Dreifache vergrößert worden und bietet jetzt 3400 Quadratmeter Fläche für den immensen Börsenverkehr, der sich in drei Sälen abwickelt, dem Warensaal, der Fondsbörse und der Kornbörse. Die Säle stehen durch offene Arkaden miteinander in Zusammenhang. Wer rechtzeitig, d. h. vor 1 1/2 Uhr zur Börse kommt, hat überall freien Eintritt. Um 1 1/2 Uhr werden nach vorhergehendem Läuten der Börsenglocken die unteren, eigentlichen Börsensäle geschlossen, und nur gegen Erlegung des Sperrgeldes von 30 Pfg. werden dann noch Besucher zugelassen. Diese Maßregel soll die Pünktlichkeit des Börsenbesuchs fördern; das Interesse der Allgemeinheit erfordert es, daß während der kurzen Börsenzeit alle und jeder auch allen und jedem erreichbar ist. Der Zutritt zu den oberen Galerien ist jederzeit frei. In allen Restaurationen in viertelstündigem Umkreise von der Börse ertönen je nach der Entfernung von derselben rechtzeitig Klingeln oder andere Signale, um die Frühstücksgäste an den Aufbruch und Beginn der Börse zu erinnern. Um diese Zeit kommt Leben und Bewegung in die sonst ruhige Umgebung des Börsengebäudes, und es macht einen ganz eigenartigen Eindruck, dieses hastige Zufluten von ca. 7000 Männern innerhalb einer Frist von wenigen Minuten nach der Börse zu beobachten.

Insbesondere zu Börsenzeiten herrschte hektische Betriebsamkeit auf dem Adolphsplatz, dem Mittelpunkt der Handelsmetropole Hamburg.

Wer als Fremder einen richtigen Eindruck von dem Verkehr an der Börse und der Art, wie er sich abwickelt, gewinnen will, der muß sich gegen 1 1/4 Uhr auf die Galerie begeben und von dort beobachten, wie sich die Börsenräume rasch füllen, bis die sich fortwährend bewegende Menge versammelt ist. Trotzdem die Unterhaltung und das einzelne Gespräch leise oder höchstens halblaut geführt wird, so klingt doch das Sprachgewirr der vieltausendköpfigen Menge wie fernes Rauschen und Wogen der Brandung nach oben herauf.

Es ist stets echt hanseatische Art gewesen, neben dem Blick auf das eigene Geschäft auch ein offenes Auge und Ohr zu haben für das Allgemeine, das Große und Ganze, nicht nur des eigenen kleinen Staatswesens, sondern viel mehr noch des weiteren großen Vaterlandes, und wenn man in neuerer Zeit in weiten Kreisen nur zu gern mit allerlei Anklagen gegen die Börse bei der Hand ist und dieselbe sogar den „Giftbaum“ des Handels und Verkehrs genannt hat, so darf getrost entgegnet werden, daß dieses Vorurteil nicht auf Grund der Kenntnis der „Versammlung Eines Ehrbaren Kaufmannes“ in Hamburg gewonnen ist.

1892 war der Erweiterungsbau des Stadthauses an der Stadthausbrücke fertiggestellt. Rechts im Neuen Wall ist andeutungsweise das Görtz-Palais aus dem Jahr 1710/11 zu erkennen, Keimzelle des zu Verwaltungszwecken genutzten Gebäudekomplexes. Fritz Schumacher nahm ab 1914 weitere Ergänzungen vor. Der Komplex wurde im Bombenkrieg schwer beschädigt und schmucklos wiederhergestellt.

Bei schönstem Licht und ohne Verkehr an einem Sonntagmorgen um Viertel vor acht ist die 1887 eröffnete „Kaiserliche Ober-Postdirection“ aufgenommen worden. Gekrönt ist der Eckturm von einem fliegenden Merkur, dem (Post-)Boten der römischen Götter.

Das Strafjustizgebäude war schon 1882 vollendet worden. In seinem Rücken befand sich das Untersuchungsgefängnis, damit die Delinquenten nur kurze Wege hatten.

Das **Stadthaus** (am Neuenwall) ist der Sitz der Polizeibehörde. Auf dem Platz davor das **Petersen-Denkmal**, dem 1892 verstorbenen Bürgermeister Dr. Petersen errichtet.

Das **Verwaltungsgebäude** umfaßt einen großen Häuserkomplex zwischen Bleichenbrücke und Stadthausbrücke und enthält die Bureaus der Baudeputation, der Stadtwasserkunst, des Grundbuchamtes, das Stempelcomptoir u. a.

Das **Reichs-Post- und Telegraphen-Gebäude** (am Stephansplatz), 1883/84 in freier Anlehnung an den italienischen Renaissancestil erbaut mit reichem figürlichem und bildlichem Schmuck. Sehenswert ist der Schalterraum.

An demselben Straßenzuge (Ringstraße) liegen noch die stattlichen Gebäude der **General-Zoll-Direction** und der **Behörde für Krankenversicherung** (gegenüber dem botanischen Garten), etwas weiter am Holstentor rechts das **Strafjustizgebäude**. Diesem parallel gegenüber befindet sich das neue **Gerichtsgebäude für bürgerliche Rechtsstreitigkeiten**.

Die **Schlachthof- und Viehmarkt-Anlagen**, deren Umfang und Bedeutung der Lage Hamburgs inmitten landwirtschaftlich hochentwickelter Landesteile entspricht, umfassen ein Areal von ca. 20 Hektar (zwischen Heiligengeistfeld und Bahnhof Sternschanze). In der Nordwestecke des Heiligengeistfeldes befindet sich die Verkaufshalle, welche mit ihren 14 000 Quadratmetern Grundfläche Raum bietet für ca. 2500 Rinder und 5000

Schafe. Hauptmarkt für diese Tiergattungen jeden Montag. Die Anlage ist durch einen unter der Feldstraße durchführenden, lediglich dem Viehverkehr dienenden Tunnel mit dem Central-Schlachthof verbunden. Hauptschlachttag für Großvieh und Schafe Montag, für Kälber Dienstag, während Schweine tagtäglich in größerer Zahl geschlachtet werden. Der Schweinemarkt findet werktäglich auf dem Viehhof Sternschanze statt, der Kälbermarkt jeden Dienstag. Neben dem Viehhof Sternschanze liegt auch der Pferdeschlachthof, wo alljährlich ca. 3600 Pferde zur Schlachtung kommen.

Neben den großen zentralen Märkten gab es auch Straßenmärkte: Hier besorgt das Hausmädchen frische Eier von der Landfrau, die sich die Zeit mit Stricken vertreibt.

Der **Gemüse- und Obstmarkt** findet auf dem Hopfenmarkt vor der Nicolaikirche und auf dem Meßberg statt, Hauptmarkttage sind Dienstag und Freitag. Den Fremden werden die hier zum Verkauf gestellten ganz kolossalen Mengen feinster Gemüse und Früchte interessieren, welche in der Umgegend (vorwiegend in den Vierlanden, der Gemüsekammer Hamburgs) gezogen und auf dem Wasserwege (Obst- und Gemüse-Ewer) nach hier gebracht werden. Nicht minder interessant ist die musterhafte Marktordnung, das eigenartige bunte Treiben, der lebhafte Verkehr und die Verschiedenheit der fesselnden Volkstrachten aus der Umgegend Hamburgs.

Der tägliche Straßenhandel konzentrierte sich an besonderen Stellen: In der Elbstraße (heute Neanderstraße) gab es einen Gebrauchtwarenmarkt, im Volksmund „Judenbörse" genannt. Hier wurden Kleidungsstücke, Stoffe, Korbwaren, Möbel und anderes aus mindestens zweiter Hand angeboten.

Dienstag, Donnerstag und Sonnabend vormittag findet auf dem Pferdemarkt, desgleichen jeden Nachmittag in der Elbstraße ein – trotz aller Warenhäuser und Großbasare – gutbesuchter **Kram- und Trödelmarkt** („Judenbörse") statt, der dem Freunde lebhafter Straßenbilder gewiß zur Freude gereichen wird.

Beim Fischhandel standen Hamburg und Altona in ständiger Konkurrenz: Wegen des starken Aufschwungs der Hochseefischerei vor der Jahrhundertwende hatte sich Altona 1896 – noch vor Hamburg – eine neue Fischhalle geleistet. Hier wurden jährlich mehrere Millionen Pfund Fisch verkauft.

Die **Fischauktionshallen** von Hamburg und Altona sind direkt an der Elbe gelegen, so daß die Seefischerfahrzeuge unmittelbar davor anlegen und ihr Fangergebnis zur Auktion bringen können.

Die Fischauktion beginnt morgens um 6 Uhr und dauert, je nachdem Fischer „aufgekommen" sind, ein oder zwei Stunden. Der Binnenländer wird dem Leben und Treiben hier ein um so größeres Interesse abgewinnen, als er in eine ihm in allen Stücken fremde Sphäre versetzt ist und auch von allem, was hier in breitestem „Platt" gesprochen wird, kein Sterbenswörtchen versteht. Die Fische kommen in einzelnen Losen („Caveling") zur Versteigerung. Das meiste Interesse wird die eigenartige Fischwelt erwecken: Schellfisch, Kabeljau und Scholle liefern die Haupterträge der Nordsee, sodann Seehecht, Knurrhahn, Köhler, Rotzunge, Kleiß, Steinbutt, Korallenfisch, Seezunge, Tarbutt, Heilbutt und Stör, geringere Bedeutung haben Wittling, Rochen, Leng, Haifisch, Schnoben, Makrelen, Lachs, Seeaal und Seeteufel usw., dazu endlich Hummer in allen Dimensionen, Taschenkrebse, Austern etc.

Die **Kaffee- und Speisehallen** wollen keine Wohltätigkeit ausüben, sondern stellen eine musterhafte und vorbildliche Wohlfahrtseinrichtung dar mit dem Zwecke, zu denkbar billigsten Preisen gute Speisen und Getränke darzubieten. Der Verein besitzt in den verschiedensten Stadtteilen und im Freihafen-Gebiet 16 geräumige Speisehallen und außerdem ein Logierhaus (Concordia) mit 300 Betten. Im Jahre 1900 wurden verausgabt 985 002 Mittags- und 631 815 Abendportionen nebst 1 762 679 Tassen Kaffee.

Die **Staats-Krankenhäuser** Hamburgs sind von jeher berühmt gewesen wegen ihrer guten Einrichtungen. War früher schon das Allgemeine Krankenhaus (St. Georg, Lohmühlenstraße, Direktor Dr. Deneke) mit Raum für 1400 Kranke eine Musteranstalt hinsichtlich Licht, Luft und Geräumigkeit, so ist das Neue Allgemeine Krankenhaus (in Eppendorf, Direktor Prof. Dr. Lenhartz) geradezu vorbildlich für den modernen Krankenhausbau. Es umfaßt ca. 60 einzelne, inmitten Gartenanlagen gelegene Krankenpavillons, die so eingerichtet sind, daß Krankenstühle und Betten bei passendem Wetter ins Freie geschoben werden können. Die Baukosten betrugen über fünf Millionen Mark.

Das 1889 eröffnete Allgemeine Krankenhaus Eppendorf mit mehr als 2000 Betten war wegen seiner neuzeitlichen Anlage weltberühmt.

Das Hafenkrankenhaus (Sylter Allee, Oberarzt Dr. Lauenstein) untersteht der Polizei-Behörde und umfaßt den Kranken-Pavillon mit Verbandstation, das Leichenschauhaus (Morgue), die Desinfektions- und Reinigungsanstalt und das Beobachtungshaus. Im

Kranken-Pavillon finden Aufnahme alle von den Organen der Polizeibehörde eingelieferten, auf der Straße und an öffentlichen Orten, im Hafen und auf den Werften etc. Erkrankte, Verletzte, die dringend ärztlicher Hilfe bedürfen. – In der Morgue werden alle in polizeiliche Obhut zu nehmenden Leichen aufgenommen und unbekannte Leichen zum Zwecke der Feststellung ausgestellt. Das Beobachtungshaus ist zu Quarantainezwecken eingerichtet.

Die Irrenanstalt Friedrichsberg (Barmbek), welche für etwa 1500 Insassen eingerichtet ist, und ebenso die für ca. 700 Insassen berechnete Irrenanstalt Vossberg (Langenhorn) sind staatlich.

Besonders große und prunkvolle **Denkmäler** besitzt Hamburg bis jetzt nicht; in schlichter und einfacher Weise, wie auch das Wesen seiner Bürger ist, weiß die Stadt ihre um das Gemeinwesen verdienten Söhne auszuzeichnen und in der Erinnerung der Nachwelt lebendig zu erhalten.

Das Krieger-Denkmal (Esplanade), den 1870/71 Gefallenen des 2. Hanseat. Inf.-Reg. No. 76 gewidmet, von Schilling-Dresden modelliert, stellt die Siegesgöttin dar, gefallene Krieger verschiedener Waffengattungen mit Palme und Lorbeerkranz bedeckend – eine sehr wirkungsvolle Darstellung.

Mitten auf dem Gänsemarkt hatte Lessing 1881, in seinem hundertsten Todesjahr, ein Bronzedenkmal erhalten. Mit kritisch-freundlichem Blick schaut er auf die Stelle, wo zu seiner Zeit das Nationaltheater stand. Als Dramaturg und Kritiker war der Dichter der Bühne vorübergehend verbunden, und sie bot Anlaß für seine „Hamburgische Dramaturgie".

Das Lessing-Denkmal (Gänsemarkt), 1881 errichtet vom Verein für Kunst und Wissenschaft zur Erinnerung an die Wirksamkeit Lessings als Dramaturg am Opernhof 1767–1769. Der Welcker-Brunnen (dem Stadttheater gegenüber), 1886 von Rechtsanwalt Dr. Wex dem Andenken des Heidelberger Rechtslehrers Prof. Karl Theod. Welcker errichtet. Das Büsch-Denkmal, ein Obelisk auf dem Wall an der Lombardsbrücke, zur Erinnerung an den Begründer der Handelswissenschaften. Das Schiller-Denkmal (gegenüber der Kunsthalle) wurde 1866 errichtet auf Anregung des Schiller-Vereins. Das Adolph-Denkmal (auf dem Wall), gewidmet dem Grafen Adolph IV. von Schauenburg, dem Schirmherrn der Stadt im Anfang des 13. Jahrhunderts; das Denkmal stand ursprünglich auf dem Adolphsplatz vor der Börse. Der Hansa Brunnen (Hansaplatz in St. Georg) ist 20 Meter hoch und mit der Hansa-Statue gekrönt. Das Kirchenpauer-Denkmal in den Anlagen vor der Gewerbeschule, 1889 dem hochverdienten Bürgermeister Dr. Kirchenpauer errichtet. Das Meyer-Denkmal (beim Klostertor), dem verdienten Kaufmann Heinr. Chr. Meyer 1854 errichtet. Auf dem Hofe der Hauptfeuerwache (Spitalerstr.) befindet sich das Kipping-Denkmal, dem Branddirektor Kipping errichtet, welcher 1892 bei einem großen Brande der Freihafenspeicher in Ausübung seines Berufs gleich seinem früheren Vorgänger Repsold (s. u.) den Tod fand. Auf dem Meßberg steht ein Marktbrunnen mit Statue einer Vierländerin. Die Statuen der Germania und Hammonia schmücken die Brooksbrücke, welche über den Zollkanal nach dem Freihafen führt; hier befindet sich auch der von Kaiser Wilhelm II. am 29. Oktober 1888 eingefügte Schlußstein der Bauten und des Zollanschlusses Hamburgs. Der Kaiser Karl-Brunnen (Fischmarkt) mit dem in Kupfer getriebenen Standbilde Kaiser Karl des Großen, ist zwölf Meter hoch. Auf der Trostbrücke, nahe dem Patriotischen Gebäude, stehen die Statuen von Graf Adolph III. von Schauenburg und Hamburgs erstem Erzbischof Ansgar.

Bei der Sternwarte (am Millerntor) das Repsold-Denkmal, dem Techniker Repsold errichtet, verdient um die Gründung der Sternwarte und des Feuerlöschwesens, verunglückte 1830 bei einem Brande in Ausübung seines Berufes, ebenso wie der Branddirektor Kipping 1892 (s. o.). Ein Sarkophag (an der Jungiusstraße, dem Petrikirchhof gegenüber) erinnert an 1138 Hamburger, welche mit vielen Tausenden ihrer Mitbürger von dem französischen Marschall Davoust im härtesten Winter 1813 und 1814 aus dem belagerten Hamburg vertrieben, ein Opfer ihres Kummers und ansteckender Seuchen wurden. Das Hagedorn-Denkmal wurde 1897 in dem uralten Eichenhain an der Krugkoppel in Harvestehude am Fuße des Licentiatenberges errichtet, der die Hagedorn-Linde trägt. Der Dichter (1708 in Hamburg geboren und 1754 daselbst verstorben) machte hier seine täglichen Spaziergänge. Das Heinicke-Denkmal (an der Ecke der Heinicke- und Ludolfstraße), 1895 dem Lehrer der Taubstummen am Schauplatz seiner Tätigkeit (Eppendorf) errichtet.

An der Nordseite der Kersten-Miles-Brücke halten die Hamburger Seehelden Ditmar Koel (hinten) und Berend Jacob Karpfanger Wache.

Als echt hamburgisches Denkmal verdient die **Kersten Miles-Brücke** im Zuge der Seewartenstraße über den ehemaligen Stadtgraben bei der Seewarte, die jetzige Helgoländer Allee, ganz besondere Aufmerksamkeit. Die in den Formen der Frühgotik gehaltene massive Brücke hat eine Spannweite von 37 Metern; sie trägt als Schmuck die Wappen von 32 früheren Hansestädten, während an den Risaliten der Widerlager die Bildsäulen vier berühmter Hamburger aufgestellt sind: An der Südseite links worthaltender Bürgermeister **Kersten Miles** († 1420), welcher den Land- und Strandräubern an der Unterelbe, den Herren von Lappe, das feste Haus Ritzebüttel (mit dem heutigen Cuxhaven) entriß und sich so als weitausschauender Politiker bezeigte, indem er Hamburg diesen festen Punkt an der Elbmündung zu verschaffen wußte; rechts davon Hamburgs berühmtester Seeheld, **Simon von Utrecht** († 1437), der sich in der Seeschlacht vor Helgoland gegen die Vitalienbrüder (1400) hervortat und den gefürchteten Seeräuber Störtebecker gefangen nach Hamburg brachte. Als hamburgischer Ratmann führte er 1433/34 eine Flotte gegen Ostfriesland und eroberte u. a. Emden. Ihm zu Ehren ist auch die im Zuge der Kersten Miles-Brücke über die Sylter Allee führende Brücke benannt. Zum Andenken an sein in alten Liedern vielbesungenes Schiff „Bunte Kuh" ist die große Halle im Ratsweinkeller benannt, wo ein Modell dieses Schiffes aufgehängt ist; auf der Nordseite links **Ditmar Koel** († 1563), der 1525 den gefürchteten dänischen Seeräuber Claus Kniphof in der Osterems besiegte und gefangennahm, 1527 in den Rat gewählt wurde, sich auch 1529 um die friedliche Einführung der Reformation in Hamburg verdient machte und es 1548 bis zum Bürgermeister brachte; ihm gegenüber rechts **Berend Jacob Karpfanger,** einer der berühmtesten Seeleute Hamburgs, lieferte 1678 mit der Fregatte „Kaiser Leopold" fünf französischen Kaperschiffen in der Elbmündung ein siegreiches Treffen und ging 1683 auf einem Zuge gegen die Korsaren im Hafen von Cadix mit seiner brennenden Fregatte „Wappen von Hamburg" unter, nachdem er zuvor seine Mannschaft in Sicherheit gebracht hatte.

Solange Hamburg besteht, werden diese vier Helden von Hamburgs Seetüchtigkeit zeugen zu den Zeiten des Hansabundes, und wie Hamburg nach dem Verfall der Hansa zuletzt noch allein von allen Staaten des großen heiligen römischen Reiches deutscher Nation es nicht allein wagte, die deutsche Kriegsflagge auf dem Meere wehen zu lassen, sondern sie auch siegreich zu führen verstand.

Der Gang der ereignisreichen Geschichte in langen Jahrhunderten beweist nur zu beredt, wie Hamburg in allen Nöten und Gefahren immer auf den Weg der Selbsthilfe, in aller Drangsal stets nur auf die eigene Kraft und Tüchtigkeit angewiesen gewesen ist. Ganz naturgemäß mußte diese Tatsache in weitgehendster Weise einen nachhaltigen erziehlichen Einfluß ausüben und weckte so einerseits das nie versagende Selbstvertrauen in die eigene Kraft, andererseits aber auch die Liebe und Treue zur Vaterstadt und deren geheiligten Institutionen, gepaart mit einem berechtigten hohen Selbstbewußtsein und einem lebhaften Gefühl für Unabhängigkeit und Freiheit. Und so prangt denn auch heute noch – wie schon im 17. Jahrhundert am alten Deichtor – am neuen Rathaus das stolze, aber ernste Mahnwort:

Libertatem quam peperere maiores
Digne studeat servare posteritas,

oder wie es in metrischer Übertragung auf dem Kugeldenkmal lautet:

Freiheit haben dir, Hamburg, die Väter tapfer errungen,
Würdig wahre sie dir bis auf das spät'ste Geschlecht.

Doch die Verhältnisse sind mit dem Wandel der Zeiten andere geworden. Hamburg ist heute ein selbständiger Bundesstaat des geeinten Deutschland, und als Zeichen der Ergebenheit und nie verlöschender Dankbarkeit gegen die Gründer des neuen Deutschen Reiches und einer neuen Zeit wird sich demnächst an Hamburgs denkwürdigster Stätte, auf dem Rathausmarkte, das von Senat und Bürgerschaft beschlossene hervorragende Denkmal des ersten Deutschen Kaisers und auf stolzer Elbhöhe als würdiges Seitenstück aus freiwilligen Beiträgen dasjenige seines großen Kanzlers erheben; hoch droben aber auf der Spitze des Rathausturmes prangt der deutsche Reichsadler als neues Wahrzeichen des sicheren Vertrauens, daß die Freie und Hansestadt ihre Freiheit nicht besser gewahrt weiß als in der freudigen Zugehörigkeit zum festgefügten Staatenbunde des Deutschen Reiches.

Schon bald nach dem Tod des ersten Kanzlers des Deutschen Reiches 1898 war es in Hamburg beschlossene Sache, ein Bismarck-Denkmal zu errichten, mit dem man Deutschland und der Welt imponieren wollte. Den Wettbewerb von 1901 gewann der Bildhauer Hugo Lederer; unter seiner Anleitung wurde die 15 Meter hohe Roland-Gestalt aus Schwarzwälder Granit geschlagen. Am 2. Juni 1906 erfolgte die feierliche Enthüllung.

Gedränge vor der Börse: Schnappschuß eines Amateurs

Foto gegenüberliegende Seite: Gedränge in der Börse: Auf der Galerie ist nur ein gedämpftes Gemurmel der Börsianer zu hören.

Foto gegenüberliegende Seite: Gedränge auch im Telegraphenbüro der Börse: Schnelle Informationen bringen Geld.

Nach der Auktion werden die Fische verladen. Sehr viele kommen in die Räuchereien in Altona und Ottensen.

In einer Nebenhalle begutachten Marktinspektoren das Angebot an Stören, die den begehrten Kaviar liefern.

Um sechs Uhr morgens beginnt die Fischauktion; je nach Fang dauert sie ein bis zwei Stunden. Die Halle erinnert an eine dreischiffige Basilika mit je zwei Emporen auf beiden Seiten.

Der Hopfenmarkt wird beliefert. Im Kleinen Burstah ist kaum noch ein Durchkommen. Wichtigstes Transportmittel ist der Pferdewagen.

Kleinhandel am Rande: Jeder darf seine Waren nur auf der ihm zugewiesenen numerierten Fläche anbieten.

Der Hopfenmarkt zu Füßen der Nikolaikirche. Von 1897 bis zur Verlegung des gesamten Marktbetriebs auf den Deichtorplatz wurde hier ausschließlich Gemüse verkauft.

Gemüse und Obst gab es auch günstig am Meßberg: Birnen kosteten das Pfund fünf Pfennig.

Das 1900 fertiggestellte Hafenkrankenhaus war nach modernsten Grundsätzen in parkartiger Umgebung auf der Elbhöhe erbaut worden. Wichtig für eine Welthafenstadt war das Beobachtungshaus für Seuchenverdächtige; in den beiden Flügeln lagen je ein Männer- und ein Frauenschlafsaal.

Im Krankenpavillon des Hafenkrankenhauses gab es einen Saal mit 24 Betten sowie mehrere Isolierzellen und eine kleine Entbindungsstation.

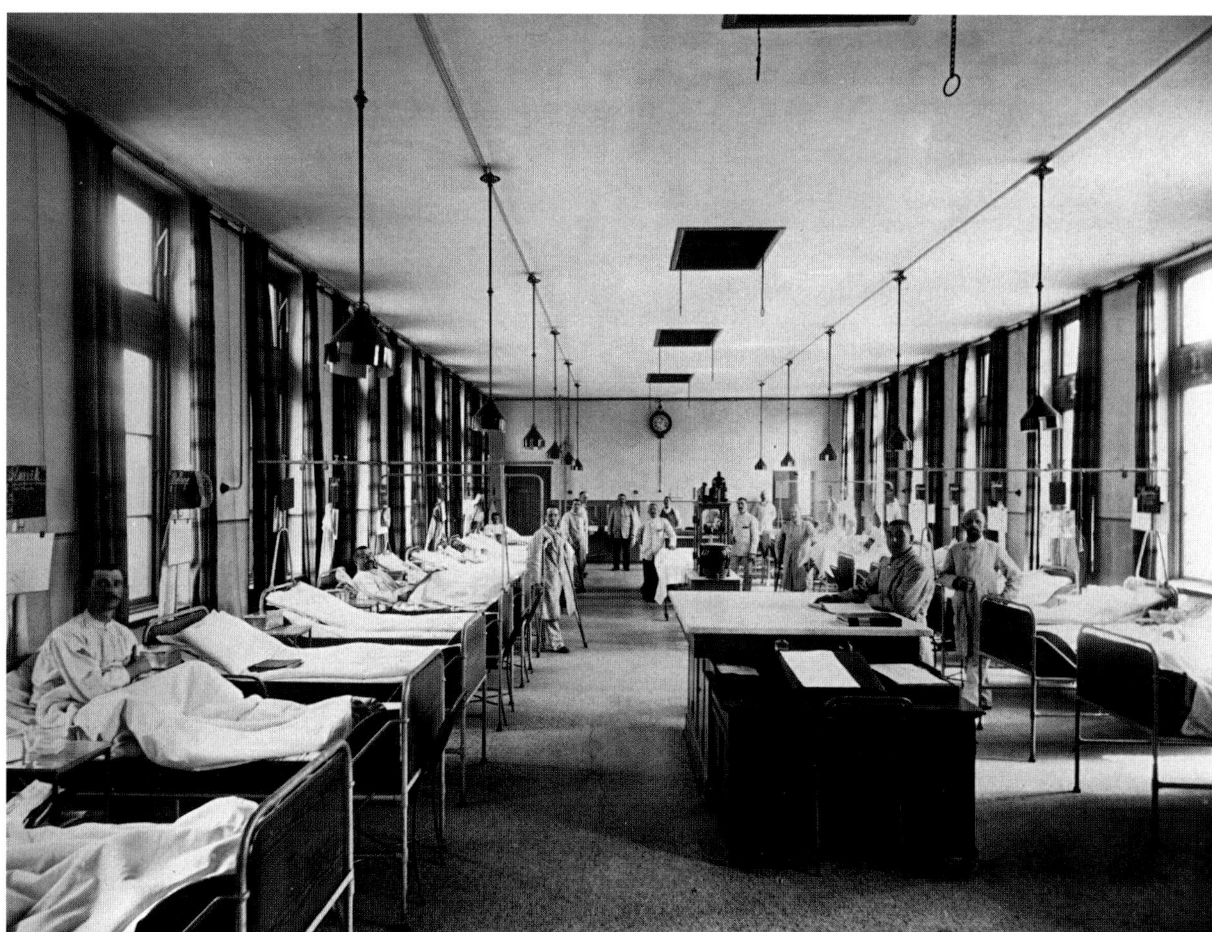

Das Strafjustizgebäude am Holstentor, erbaut 1879–1882 von Baudirektor Carl Johann Christian Zimmermann

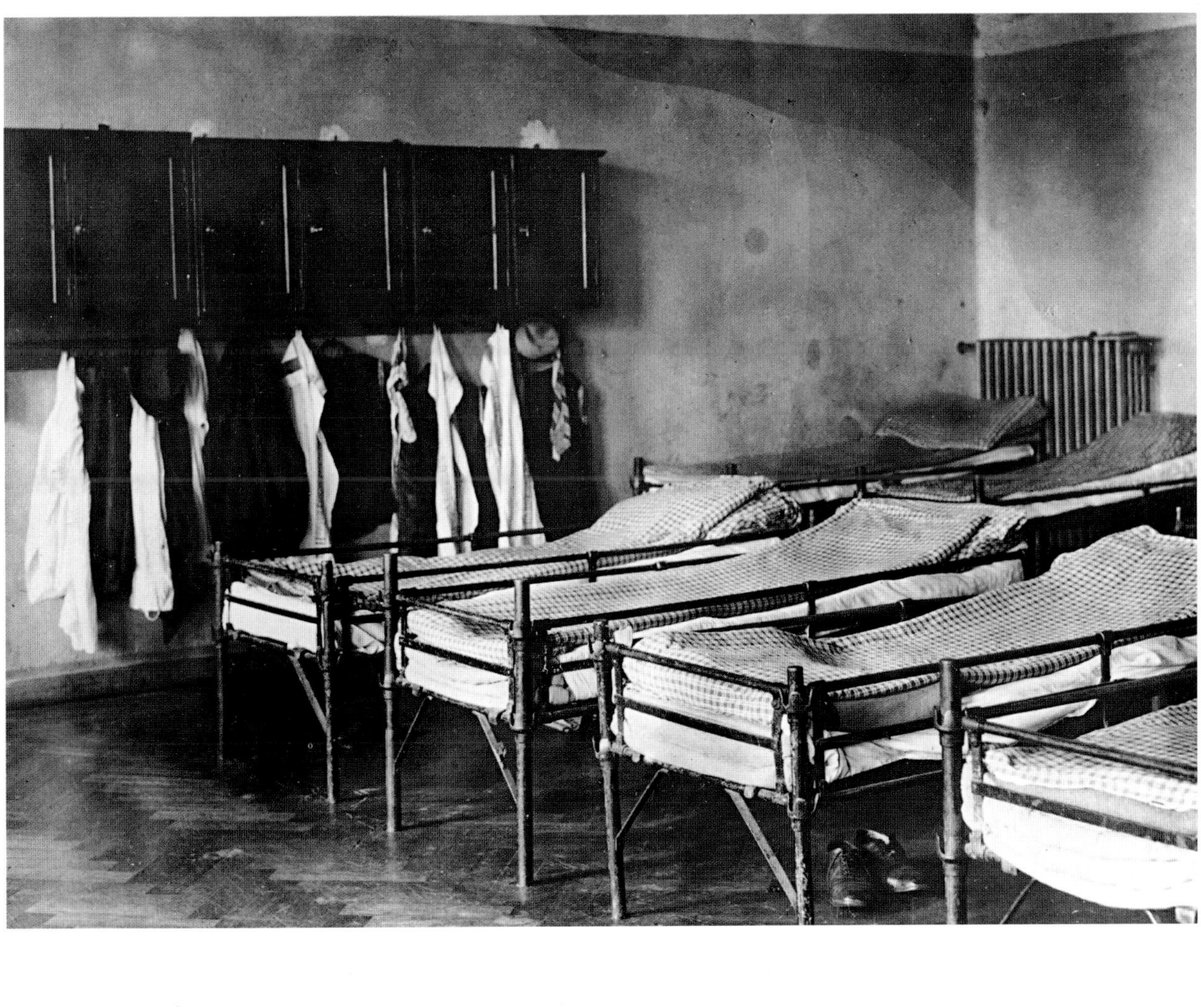

Schlaf- und Aufenthaltsraum für Jugendliche im Untersuchungsgefängnis

Auf dem Stephansplatz, benannt nach dem Reichspostminister Heinrich von Stephan (1831–1897), herrschte schon um 1900 reger Verkehr: Die Ringlinie sowie die Linien vom Rathausmarkt zum Grindel, nach Eppendorf und nach Winterhude über den Mittelweg kreuzten sich hier. 1922 wurde auf dem Stephansplatz die erste Ampelanlage in Hamburg installiert.

Der wiederhergestellte Turmhelm von St. Katharinen

KIRCHEN UND OHLSDORFER FRIEDHOF

Selbstverständlich werden in dem „Wegweiser" auch die fünf Hamburger Hauptkirchen vorgestellt: St. Nikolai, St. Petri, St. Jacobi, St. Katharinen und St. Michaelis. Kaum eine von ihnen hat das 20. Jahrhundert unbeschadet überstanden: Von der im Zweiten Weltkrieg schwer getroffenen Nikolaikirche blieb nur der Kirchturm – mit einer Höhe von 145 Meter heute der drittgrößte Steinkirchturm in Deutschland – als Mahnmal erhalten, und in der Ruine des Kirchenraums wurde eine Gedenkstätte eingerichtet. Die neue Hauptkirche St. Nikolai entstand 1959–1962 am Klosterstern in Harvestehude. St. Petri blieb zwar im Zweiten Weltkrieg weitgehend verschont, hatte aber schon vorher im Zuge der Umwandlung der Innenstadt in ein reines Geschäftsviertel zunehmend seine Gemeinde verloren. Ähnliches gilt für St. Jacobi, das nach schweren Kriegszerstörungen in der alten Form wiederaufgebaut wurde; lediglich der Turmhelm erhielt 1959–1962 eine neue Gestalt. St. Katharinen erstand nach den Zerstörungen im Zweiten Weltkrieg in den fünfziger Jahren ebenfalls wieder in der alten Form. Die Kirche, die ihrer Gemeinde zu einem großen Teil durch die Anlage des Freihafens und den Bau der Speicherstadt verlustig ging, wird heute als Universitätskirche genutzt. Der Michel schließlich fiel bereits 1906 einem bei Reparaturarbeiten ausgebrochenen Brand zum Opfer und wurde 1907–12 wiedererrichtet. Nach Beseitigung der im Zweiten Weltkrieg entstandenen Kriegsschäden wurde St. Michaelis 1952 neu geweiht.

Mit dem Anwachsen der Bevölkerung in den Vorstädten reichten die fünf Hauptkirchen und beiden Vorortkirchen – die Pfarrkirche St. Pauli und die Dreieinigkeitskirche in St. Georg – nicht mehr aus. Bereits in den 1880er Jahren wurden St. Johannis in Harvestehude, St. Gertrud in Hohenfelde, die Friedenskirche in Eilbek, St. Thomas in Billwerder Ausschlag sowie die Christuskirche in Eimsbüttel gebaut. In den 90er Jahren entstanden St. Lukas in Fuhlsbüttel, St. Markus in Hoheluft, die Apostelkirche in West-Eimsbüttel und St. Annen in Hammerbrook.

Für die verschiedenen religiösen Richtungen der etwa 18 000 in Hamburg lebenden Mitglieder der Jüdischen Gemeinde gab es mehrere Synagogen, die größte mit tausend Plätzen an den Kohlhöfen. Die Große Synagoge am Bornplatz wurde erst 1906 eingeweiht.

Stolz war man in Hamburg auf die Konzentration der Begräbnisplätze auf einem überkonfessionellen Hauptfriedhof weit vor der Stadt: Es ging dabei nicht nur um die Anlage eines schönen Geländes, sondern auch darum, den Totengräbern die Arbeit zu erleichtern. 1874 war ein Teil der sandigen Ohlsdorfer Feldmark aufgekauft worden; 1877 fanden hier die ersten Beerdigungen statt. Größere Erweiterungen erfolgten 1896–1900. Für die in dieser Zeit allmählich aufkommenden Feuerbestattungen war 1892 am Rande des Friedhofs ein Krematorium errichtet worden, neben Gotha und Heidelberg das dritte seiner Art in Deutschland.

Wer heute von der Hafenkante aus den Michel bestaunen will, muß über das Verlagsgebäude von Gruner+Jahr hinwegsehen.

Protestantischer Barock im Inneren des vorbildlich rekonstruierten Michels

Der Ohlsdorfer Zentralfriedhof, 1877 eingeweiht und mit 400 Hektar bis heute der größte Friedhof der Welt

Die **St. Nicolaikirche** (evang.-luth.) am Hopfenmarkt, 1168 als Kapelle erbaut, 1842 durch Feuer zerstört, von 1846–1863 neu erbaut (Baukosten 4,200,000 M.) mit einem Turm von 147 Meter Höhe (der dritthöchste Turm Deutschlands). Die Orgel ist mit 101 klingenden Stimmen und 5808 Pfeifen das größte Orgelwerk Deutschlands (70 000 M.).

Die Dreieinigkeitskirche im Vorort St. Georg, Mitte des 18. Jahrhunderts nach Plänen von Johann Leonhard Prey erbaut

Die **St. Petri-Kirche** (evang.-luth.) am Speersort, die älteste Kirche der Stadt, zwischen 1134 und 1194 gegründet, 1814 von den Franzosen als Pferdestall benutzt, 1842 abgebrannt und 1844–1849 in der ursprünglichen Form im spätgotischen Stile wieder aufgebaut. Sehr imposant ist die 132,5 Meter hohe Turmpyramide.

Die **St. Jacobikirche** (evang.-luth.) in der Steinstraße ist der älteste Kirchenbau Hamburgs; sie stammt aus dem 13. Jahrhundert, wurde 1497 zu ihrer jetzigen Gestalt erweitert; 1865 renoviert. Der 102 Meter hohe Turm wurde 1827 neu errichtet.

Die **St. Catharinenkirche** (evang.-luth.) am Zollkanal, im 13. Jahrhundert begründet, besteht in ihrer jetzigen Gestalt seit dem 17. Jahrhundert, die Orgel stammt aus dem 15. Jahrhundert, der Turm ist 115 Meter hoch.

Die **große Michaeliskirche** (evang.-luth.) an der Michaelisstraße in der Neustadt, im Zopfstil 1757–1762 von Sonnin erbaut, hat Platz für 3000 Personen, die alle den Prediger sehen und verstehen können, da kein Pfeiler, keine Säule das hochgewölbte Dach stützt, dieses sich vielmehr selbst trägt.

Von dem 1786 vollendeten 131,81 Meter hohen Turme genießt man den besten Überblick über Hamburg, Altona und Umgegend und das ganze untere Elbgebiet; die Fernsicht ist am günstigsten Nachm. von 2–5 Uhr, besonders an Sonn- und Feiertagen.

Die **Dreieinigkeitskirche** (evang.-luth.) in St. Georg, 1743–1747 erbaut mit dem 56 Meter hohen Turme, der mit seiner grün oxydierten Kupferbedachung besonders von der Lombardsbrücke und der Außenalster einen schönen Anblick gewährt.

Die **kleine Michaeliskirche**, im 18. Jahrhundert erbaut, ist Pfarrkirche der römisch-katholischen Kirche, desgleichen die 1891/92 in romanischem Stile erbaute **Marienkirche**, ein zweitürmiges Gotteshaus in St. Georg, Danzigerstraße.

Turm und Seitenschiff der Petrikirche, „eingerahmt“ von einem Bogen der Gelehrtenschule Johanneum, die hier, am Platz des alten Doms, 1834 ein neues Gebäude erhalten hatte

St. Michaelis, die Hauptkirche der Neustadt; der Vorläuferbau war 1750 nach einem Blitzschlag niedergebrannt.

Außer den genannten Kirchen befinden sich noch verschiedene Gotteshäuser für die übrigen christlichen Gemeinden in Hamburg und zahlreiche, teilweise sehr stattliche evangelische Kirchen in den Vororten. **Synagogen** befinden sich an den Kohlhöfen in der 1. Elbstraße und vor dem Dammtor. Der **neue israelitische Tempel der Reform-Gemeinde** liegt Poolstraße 12.

1906 erhielt die jüdische Gemeinde in Hamburg mit der „Neuen Synagoge" am Grindel einen neuen Mittelpunkt. Sie wurde 1939/40 abgerissen und nach dem Krieg nicht wieder aufgebaut.

Der **Zentralfriedhof in Ohlsdorf** ist die großartigste und vollkommenste Anlage dieser Art, wie solche bis heute keine Stadt der Welt aufzuweisen hat. Aus Sand und Kiefernheide ist hier in richtiger künstlerischer Vereinigung von Architektur, Skulptur und Landschaftsgärtnerei eine Wunderschöpfung entstanden, deren tiefer Wirkung und ernstem Zauber sich niemand zu entziehen vermag, der nur einmal durch die stillen Haine und das üppige Rasengewirr zwischen den Hügeln und märchenschönen Weihern einhergewandert. Die Gartenkunst ist hier aus der Sphäre des dekorativen Schmuckes emporgehoben und in wirkungsvollster Weise in den Dienst der Religion und Gemütsbildung gestellt. So macht der ganze Friedhof in seiner Gesamterscheinung durchaus nicht den Eindruck einer Stätte der Trauer, des Todes und der Verwesung, sondern freundlich und liebevoll einladend tritt alles dem Besucher entgegen und löst auch den herbsten Schmerz zu ernster seelischer Ruhe, die über dieser Stadt der Toten lagert. Unter dem eigenartigen Zauber und der poetischen Stimmung, die über den ganzen Anlagen schwebt – ernst und würdig und doch von frohen Blumen durchwirkt – muß einem bänglich dem Tode entgegensehenden Menschenherzen der Anblick dieses Gartens ein wahrer Trost sein, es sind die Gefilde der Seligen, die wir hier betreten, und keine menschliche Phantasie vermag dieselben bezaubernder auszumalen, als sie hier in der Wirklichkeit dargestellt sind.

In der Nähe des Friedhofs liegt auch das **Krematorium**, in welchem bereits ca. 700 Feuerbestattungen stattgefunden haben. Die Aschenurnen werden in einem Birkenhain bzw. auf dem Friedhof des Krematoriums beigesetzt.

Nur für eine kurze Zeit war dieser freie Blick entlang der neuen Mönckebergstraße auf die Jacobi- und die Petrikirche möglich: 1910 war zwar der nördliche Teil des Sanierungsgebietes bereits bebaut (Barkhof), der südliche Teil aber noch nicht.

St. Katharinen, die Hauptkirche der Bewohner am Hafen; sie wurde im Bombenkrieg fast vollständig zerstört. Zunächst war der Abbruch der Ruine geplant, doch bereits in den 1950er Jahren wurden Gebäude und Turm wiederaufgebaut.

Hilflos mußten die Hamburger zusehen, wie ihr Wahrzeichen am 3. Juli 1906 niederbrannte. Reparaturarbeiten am Turm des Michels waren die Ursache des Feuers. Nach moderner Bautechnik wurde St. Michaelis innerhalb weniger Jahre in der vertrauten Gestalt rekonstruiert. Tatsächlich hielt der Turm dem Bombenkrieg stand, nur das Gewölbe der Kirche wurde zerstört.

St. Jacobi, die Kirche der kleinen Leute in der östlichen Altstadt, vom Pferdemarkt aus gesehen; auch sie brannte im Bombenkrieg aus und erhielt einen neuen Turm.

St. Petri, die älteste Pfarrkirche Hamburgs: Ihr mittelalterlicher Bau fiel 1842 dem Großen Brand zum Opfer. Auf den Fundamenten wurde ein Neubau errichtet; der Turmhelm war 1878 fertig.

St. Nikolai am Hopfenmarkt: Auf Wunsch der Kirchengemeinde entstand nach dem Großen Brand 1842 eine neogotische Kathedrale. 1874 wurde ihr Turm geweiht. Nur er überstand den Bombenkrieg und dient heute als Mahnmal.

Foto gegenüberliegende Seite: Das Kirchenschiff von St. Nikolai; die Aufnahme entstand wenige Jahre vor der Zerstörung.

Die „dritte“ Kunsthalle: 1998 wurde ein zweiter Erweiterungsbau der alten Kunsthalle (vorn rechts im Anschnitt) eröffnet. Das Gebäude des Architekten Oswald Mathias Ungers beherbergt Kunstwerke, die nach 1960 entstanden sind.

WISSENSCHAFTLICHE ANSTALTEN UND SCHULEN

Kunst und Wissenschaft erhielten im letzten Drittel des 19. Jahrhunderts in Hamburg einen hohen Stellenwert: Das erste Museum war die 1869 eröffnete Kunsthalle am Glockengießerwall; sie wurde 1887 erweitert und erhielt ab 1912 einen Anbau. Seit 1886 war der als Sohn eines Müllers in Reitbrook geborene Alfred Lichtwark ihr Direktor. 1877 sorgte der Rechtsanwalt Justus Brinckmann dafür, daß ein Museum für Kunst und Gewerbe in dem gerade fertiggestellten Gewerbeschulgebäude am Steintorplatz eingerichtet werden konnte. 1891 wurde das Naturhistorische Museum am Schweinemarkt eröffnet; es fiel 1943 dem Bombenkrieg zum Opfer. Für die dort untergebrachten Sammlungen zur Völkerkunde wurde 1907–1912 ein eigenes Museum an der Rothenbaumchaussee gebaut.

Wichtige wissenschaftliche Einrichtungen waren neben den Staatsinstituten für Chemie, Physik und Hygiene an der Jungiusstraße auch die Sternwarte (dort gelegen, wo heute das Museum für Hamburgische Geschichte steht) und die Deutsche Seewarte, die nach ihrer Gründung als Reichsanstalt der Kaiserlichen Marine 1881 ein imposantes Gebäude auf dem Stintfang erhielt. Für Forschung und Lehre waren auch der 1821/22 angelegte Botanische Garten und der 1863 eröffnete Zoologische Garten zuständig; beide nutzten das Gelände der ehemaligen Wälle und des Stadtgrabens. Der Zoo hatte zwar viele Attraktionen (u. a. ein Elefanten- und ein Raubtierhaus sowie das erste Meerwasseraquarium des Kontinents); der Tierhändler Carl Hagenbeck, der sein Geschäft am Neuen Pferdemarkt hatte, übertrumpfte ihn jedoch mit seinem kurz nach der Jahrhundertwende außerhalb Hamburgs in Stellingen angelegten Tierpark. Der Zoo am Dammtor mußte seine Pforten 1930 schließen und machte Planten un Blomen Platz.

Die steigende Zahl von Fortbildungsveranstaltungen fand in 41 über die Stadt verteilten Räumlichkeiten statt; 1907 stellte der Kaufmann Edmund Siemers Mittel für den Bau eines Vorlesungsgebäudes zur Verfügung, das vor dem Dammtor errichtet wurde und zunächst das Kolonialinstitut aufnahm; es war die Keimzelle der 1919 gegründeten Universität.

Jahrhundertelang hatte Hamburg nur eine höhere Schule, das aus dem Kloster St. Johannis hervorgegangene Johanneum. An bevorzugter Stelle erhielt es 1840 auf dem ehemaligen Domgelände ein großes Gebäude, in dem nach dem Brand von 1842 auch Altertümer aus Hamburg gesammelt wurden; sie bildeten später den Grundstock für das Museum für Hamburgische Geschichte. Aus der Büchersammlung des Johanneums ging 1751 die Öffentliche Stadtbibliothek hervor. Sie zog 1840 in einen Neubau am Speersort. Ein Großteil der Bestände ging 1943 bei Luftangriffen verloren.

Seit 1870 waren alle öffentlichen Schulen in Hamburg einer staatlichen Oberschulbehörde unterstellt. Für die acht Jahrgänge umfassende Volksschule setzte ein breites Bauprogramm ein; meistens gab es neben der „Knabenanstalt“ gleich die „Mädchenanstalt“. Typische Beispiele für den Schulbau der 1890er Jahre finden sich heute noch in der Markmannstraße, in der Wrangelstraße und in der Seilerstraße. Um 1900 wurden mehr als 100 000 Kinder von mehr als 3000 Lehrern und Lehrerinnen unterrichtet. Da Hamburg eine Stadt der Turner war (im Sommer 1898 wurde auf dem Heiligengeistfeld das 9. Deutsche Turnfest abgehalten), erhielten einige Schulen eigene Turnhallen.

Keimzelle der Universität Hamburg war das 1911 fertiggestellte zentrale Vorlesungsgebäude beim Dammtor-Bahnhof.

Der Bau des Museums für Hamburgische Geschichte entstand 1914–1922 nach Entwürfen von Fritz Schumacher.

Das Völkerkunde-Museum erhielt 1907 ein neues Gebäude an der Rothenbaumchaussee; Architekt war Albert Erbe.

Dieser einzigartige Blick auf die Seewarte und die Einfahrt in den Hafen bot sich von dem 1905 fertiggestellten 20 Meter hohen Rundsockel für das Bismarck-Denkmal. Rechts sind das Seemannshaus und das Hafenkrankenhaus (im Bau) zu erkennen.

In Konkurrenz zum Zoologischen Garten hatte der Tierhändler Carl Hagenbeck 1907 außerhalb von Hamburg in Stellingen einen Tierpark eröffnet. Der Eingang machte deutlich, daß dort nicht nur fremde und wilde Tiere, sondern auch „Völkerschauen“ zu besichtigen waren.

EINGANG

Attraktionen im Zoologischen Garten: eine Schulklasse vor dem Affenhaus

Das Flamingo-Haus im Zoologischen Garten

Das Dickhäuter-Haus:
Der Elefant Anton erhält ein Zuckerstück.

Eingang zum Zoologischen Garten am Dammtor:
Eintritt eine Mark, Kinder unter zwölf die Hälfte

„Siegfried" ist das Idol des Hamburger Athleten-Klubs von 1887.

CLUB
50
Kilo
von
1887
Hamburg
SIEGFRIED

Mit einem Handschuh schützt sich der Lehrer vor den Fechtkünsten seiner Schülerin.

Zwei Mannschaften im Schwimmer-Dreß

Auf dem Heiligengeistfeld: eine Turner-Pyramide am Barren

Tamburin- und Ballspielerinnen im züchtigen Turngewand

THEATER, VERGNÜGEN UND SPORT

Das 1911/12 entstandene neue Haus des Thalia Theaters behielt nach den Zerstörungen im Zweiten Weltkrieg seine Fassade.

Hamburg wird in dem „Wegweiser" als Stadt der vielfältigen Vergnügungen angepriesen: Eher pflichtgemäß werden die großen Theater aufgezählt; den „Off-Bühnen" in den Vorstädten und den Musikdarbietungen wird wohl größere Attraktivität für fremde Besucher beigemessen. Noch ist die „Reeperbahn" kein Begriff für die Tourismus-Branche, aber der Schlachtruf „St. Pauli!" wirkt offensichtlich schon.

Das Stadttheater war 1827/28 an der Stelle errichtet worden, wo heute die Staatsoper steht. Es hatte eine wechselvolle Geschichte hinter sich, verfügte nach der Darstellung im „Wegweiser" gegen Ende des Jahrhunderts aber wieder über einen guten künstlerischen Ruf. Allerdings waren die Eintrittspreise wegen der hohen Honorare der Bühnenstars für die meisten Hamburger unerschwinglich.

Zur Jahrhundertwende hatten sich Hamburger Theaterfreunde den Bau eines „Deutschen Schauspielhauses" vorgenommen. Es wurde innerhalb eines Jahres gebaut und am 15. September 1900 unter seinem Direktor Alfred von Bergen aus Wien mit einer Aufführung von Goethes „Iphigenie" eröffnet. Das Publikum war begeistert, Kritiker bemängelten jedoch zu viel „Modernität". Das aus dem Jahr 1847 stammende Thalia Theater zog 1911/12 mit einem Neubau nach; er entstand auf der gegenüberliegenden Seite des Pferdemarktes (heute: Gerhart-Hauptmann-Platz), dort, wo

Die Musikhalle steht seit 1908 für das Konzertleben in Hamburg zur Verfügung. Gestiftet wurde sie von dem Reeder Carl Heinrich Laeisz und seiner Ehefrau Sophie.

auch heute das 1960 nach Kriegszerstörungen eröffnete Bühnengebäude steht. Für die klassische Musik ging man vorzugsweise in den Convent-Garten (wo heute das Axel-Springer-Haus steht), bis 1908 die Musikhalle fertig war.
Wer die leichtere Muse bevorzugte, strebte zum 1840 umgestalteten Spielbudenplatz auf St. Pauli. Auch die Ende der 1880er Jahre erfolgte Neugestaltung der – in ihrer ursprünglichen Funktion als Seilerstraße zur Herstellung von Schiffstauen aufgelösten – Reeperbahnen sorgte für eine Expansion des Vergnügungsbetriebs. Gleich am Millerntor stand seit 1889 ein Konzerthaus, das 1908 zu einem Operettentheater ausgebaut wurde. Das Ernst-Drucker-Theater spielte in einem 1841 eingerichteten Saal und hinter einer 1898 erneuerten Fassade; die Bühne wurde 1941 – Drucker war Jude gewesen – in St.-Pauli-Theater umbenannt und existiert unter diesem Namen bis heute. An die Stelle des 1888 abgebrannten Holzgebäudes vom Zirkus Renz trat 1891 Zirkus Busch mit einem neuen Gebäude für 3000 Besucher (heute „Schiller-Oper").
Ansonsten gab es auf St. Pauli Amüsements ohne Ende. Im Frühjahr 1900 fanden in einem Lokal erste Filmvorführungen statt, aus denen sich 1906 das erste ortsfeste Kino in Hamburg entwickelte, „Knopf's Lichtspielhaus" (heute „Docks"). Die Attraktion des neuen Mediums führte dazu, daß viele Menschen den bis dahin üblichen Vergnügungen den Rücken kehrten.
Sportliche Wettkämpfe waren um 1900 in erster Linie gesellschaftliche Ereignisse: Sowohl beim Horner Derby auf der 1869 angelegten Rennbahn wie auch bei der Segelregatta auf der Unterelbe konnte man im allgemeinen mit der Anwesenheit des Kaisers rechnen; aber auch bei den Pferderennen auf dem 1890 in Groß Borstel angelegten Geläuf wie bei den Ruderregatten auf der Außenalster war das vornehme Hamburg mit illustren Gästen von auswärts unter sich. Viele Hamburger Sportclubs ließen sich zu Beginn des Jahrhunderts neue Vereinshäuser bauen, auch der Poloclub, der im März 1900 sein erstes Turnier am Rothenbaum abhielt und 1902 in Klein-Flottbek einen eigenen Poloplatz einrichtete.
Während der Automobilsport ebenfalls seinen Preis hatte und sich daher auf entsprechende Kreise beschränkte, konnte sich das Radfahren eher zu einem Breitensport entwickeln. Ein Außenseiterleben führte noch der Fußball.
Die streng nach Männern und Frauen getrennten Badeanstalten dienten dem Freizeitvergnügen, aber auch der Reinlichkeit: Es gab acht Flußbadeanstalten an der Alster, der Bille und der Elbe. In der Stadt standen vier Warmbadeanstalten: Die älteste am Schweinemarkt war 1854 als öffentliches Bad mit 65 Wannen errichtet worden. Aus den Überschüssen wurde 1881 die Badeanstalt am Schaarmarkt gebaut: Sie enthielt neben je 20 Wannenbädern für Männer und Frauen und einigen „Douchen" erstmals eine gedeckte Schwimmhalle: Das 21 Meter lange, 8,5 Meter breite und zwei Meter tiefe Becken war sommers wie winters zu benutzen. Die 1895 entstandene Badeanstalt Hohe Weide erhielt zehn Jahre später sogar eine zweite Schwimmhalle. In den folgenden Jahren wurden vier weitere Badeanstalten gebaut.

Immer noch ein großes gesellschaftliches und sportliches Ereignis: das seit 1869 jährlich im Sommer stattfindende Horner Derby

Das **Stadttheater** (Dammtorstraße). Die Bedeutung Hamburgs für die deutsche Theatergeschichte am Ausgange des vorigen Jahrhunderts knüpft sich an den Vorläufer des heutigen Stadttheaters, den alten Opernhof, und wenn auch in der Zwischenzeit die Leistungen vielfach sehr zurückgingen, so gehört das Stadttheater doch seit Jahrzehnten, zumal in der Oper und dem Drama höheren Stils, zu den angesehensten Bühnen Deutschlands und Österreichs.

Das **Deutsche Schauspielhaus** (Kirchenallee, St. Georg), ein unter Berücksichtigung aller Fortschritte der Theater-Baukunst und Theater-Technik neu errichtetes, modernes Theater, im September 1900 eröffnet.

Das **Thalia-Theater** (Pferdemarkt) ist berühmt auf dem Felde des feineren Lustspiels und gilt hierin mit Recht als Musterbühne. Es untersteht derselben Direktion wie das Stadttheater.

Das vom Hamburger Stadttheater bespielte Altonaer Stadttheater in der Königstraße, das 1943 im Bombenkrieg zerstört wurde. Es war der Nachfolgebau einer renommierten Bühne an der Palmaille, die 1869 ihre Tore schloß; das Gebäude diente danach als Lagerraum und wurde bald darauf abgerissen.

Das **Altonaer Stadttheater** untersteht derselben Direktion wie das Hamburger Stadttheater und hat auch mit diesem gemeinsame Kräfte und dieselbe Spielzeit.

Carl Schultze-Theater (St. Pauli, Langereihe 34/45): Ausstattungsstücke, Operetten und Possen.

Ernst Drucker-Theater (St. Pauli, Spielbudenplatz 30): Volksstücke (Schau- und Lustspiele), Possen und Lokalstücke, plattdeutsche Komödie.

Central-Halle (St. Pauli, Spielbudenplatz): Volksstücke, Possen, Ballett.

Hansa-Theater (St. Georg, Steindamm): Variété-Bühne ersten Ranges. Orchester 40 Musiker. Bevorzugter Aufenthalt des vornehmen Hamburger Familien-Publikums und der Fremden.

Hammonia-Halle (St. Georg, Besenbinderhof 51): Variété-Theater, mit großem Garten und Sommertheater.

Convent-Garten (Neustädter Fuhlentwiete): bevorzugtestes Konzerthaus.

Der Konzertsaal des Convent-Gartens an der Fuhlentwiete

Blick in einen Saal von Sagebiel an der Drehbahn

Das 1889 eröffnete Konzerthaus „Flora“ an der Altonaer Seite des Schulterblatts (unten); 1900 wurde es zu einem Varieté-Theater umgebaut. Nach heftigem Streit um den Bau einer „Neuen Flora“ blieb 1989 nur die Fassade stehen.

Sagebiel's Etablissement (Gr. Drehbahn): wohl das größte Haus dieser Art in Deutschland, faßt ca. 10 000 Personen. Sonntags Bälle für das einfachere Publikum.
Panorama: **Bergfahrt in Tirol** (am Heiligengeistfeld), großes Doppelpanorama der Tiroler Alpenwelt mit Drahtseilbahn, Aufzügen, Wasserfällen und Rutschbahn.
Panorama der Völkerschlacht bei Leipzig (Heiligengeistfeld).
Flora (am Schulterblatt): Variété-Theater mit Ballabenden.
Conzerthaus Hamburg, früher Ludwig (St. Pauli, Millerntor): Lauben-Konzerte im Winter, Garten-Konzerte im Sommer.
Circus Busch (St. Pauli, Circusweg): im Gebäude des ehemaligen Circus Renz, Spielsaison in der Regel nur im Sommer.
Hornhardt's Etablissement (St. Pauli): Variété-Bühne, Garten-Konzerte im Sommer.
Panoptikum (Spielbudenplatz 3–7, St. Pauli): Darstellung der Geschichte Hamburgs von der Gründung bis zur Jetztzeit.

Umlauff's Weltmuseum und Naturalien-Handlung (St. Pauli, Spielbudenplatz 8).
Zu den hervorragenderen Vergnügungslokalen St. Paulis für Abendunterhaltungen gemischter Art zählen **Köllisch's Universum** (Singspielhalle), **Eden-Conzert** (Spezialitäten), **Reichshallen** (luxuriös ausgestattete Singspielhalle), **Naucke's Variété-Theater, Apollo** (Spezialitäten),

Neben der Attraktion der Wachsfiguren im Panoptikum gab es in der Wilhelmshalle am Spielbudenplatz auch Konzerte: Im Eingang hat sich eine ungarische Knabenkapelle aufgestellt.

Das St. Pauli Konzerthaus (früher Hornhardt), in dem um 1900 aktuelle Filmaufnahmen „unserer Flotte und der Abreise der Truppen nach dem Kriegsschauplatz in China" gezeigt wurden. Im Volksmund wurde das Etablissement nach einer früheren Anlage immer noch „Trichter" genannt.

Das Innenleben der Kneipen ist um 1900 nur äußerst selten fotografisch dokumentiert worden.

Große Bierhallen (Damen- und andere Kapellen), **Bierpalast** (Musikkapellen), **Conzerthaus Altona** (Singspielhalle mit den „28 bildschönen Damen") usw.

„St. Pauli!" Vom Millerntor bis über die Grenze Altonas entwickelt sich hier auf langgestreckter breiter Straßenreihe allabendlich, ob Sommer oder Winter, Regen oder Sonnenschein, ein so buntes und bewegtes Leben und Treiben wie kaum anderswo in Deutschland. Hier finden sich in buntem Durcheinander alle Arten von Vergnügungen, welche jedem Geschmack und Bedürfnis entgegenkommen: Verkaufsläden mit Muscheln, ethnographischen Gegenständen und exotischen Vögeln, die verschiedensten Sehenswürdigkeiten ganz nach Jahrmarktsart und eine ganze Reihe Singspielhallen, in welchen die Werke der leichten Muse zu Worte kommen, Bierhallen mit Zigeuner-, Matrosen- und Damenkapellen und Wirtschaften jeder Art – so bildet St. Pauli eine der amüsantesten Sehenswürdigkeiten Hamburgs – ein internationaler Tummelplatz, auf welchem sich Seeleute, Fremde und Hamburger jeden Standes und Geschlechts einträchtig nebeneinander bewegen.

Hier vom hohen Elbufer, vom „Berg" aus schweiften die Blicke unserer ehrbaren Altvordern die weite Elbe hinab, und höher schlug ihr Herz, wenn sie die stolzen Schiffe mit geschwellten Segeln aus der Ferne heimkehren sahen, und schon seit dem Anfange des Dreißigjährigen Krieges bildete der „Berg" vor den Toren der Stadt den Mittelpunkt der derben Freuden der See- und Hafenbewohner. Soweit die Schiffe die Weltmeere befuhren, war der „Hamburger Berg" seiner urwüchsigen Vergnügen wegen bekannt und berühmt, und daran hat sich nichts geändert, seit der Stadtteil nach der dort 1682 angelegten St. Paulkirche den Namen St. Pauli erhielt. „Auf den Berg gehen" hieß es vor langen Jahrhunderten, „nach St. Pauli gehen" heißt es heute noch, und der Name erweckt die angenehmsten Erinnerungen, wo immer es weltmeerbefahrene Seeleute gibt!

Neben der Pflege der Künste und Wissenschaften genießt auch der **Sport** in allen seinen Erscheinungsformen an der Alster und Elbe von jeher eine zielbewußte Pflege und hat es verstanden, nicht nur die Blicke der Sportwelt Deutschlands, sondern auch der Nachbarländer in hervorragendem Maße auf sich zu lenken, damit zum guten Teil auch den Fremdenverkehr Hamburgs belebend.

Der **Pferdesport** hat von alters her bei uns seine Heimat, und trotz vielfacher Bemühungen, ihn nach Berlin zu ziehen, spielen sich die bedeutendsten Entscheidungen, deren wichtigste das Derby ist, auf Hamburger Gebiet ab. Das Bild vornehmen Lebens, das dann sich in Horn auf der in den letzten Jahren vielfach verbesserten und verschönerten Bahn des Hamburger Renn-Clubs entwickelt, der im nächsten Jahre (1902) stolz und mit froher Genugtuung auf eine ereignisreiche 50jährige Geschichte zurückblicken kann, steht an Glanz hinter demjenigen der Tage von Iffezheim nicht zurück.

Spannung am Sattelplatz während eines Derbys auf der Horner Rennbahn; sie erhielt 1911 neue Tribünen.

Alsterregatta am 14. Juli 1901: Sieger wurde der Hamburger und Germania Ruder-Club.

Ein gleich vornehmes Leben beobachtet man zu Groß Borstel auf der jüngeren Bahn des Hamburger Sport-Clubs. Den Kulminationspunkt bildet der hier zur Entscheidung gelangende Große Preis von Hamburg, durch dessen hohe Dotierung mit 100 000 Mark der Borsteler Club für seine Bahn ein würdiges Pendant zum Deutschen Derby geschaffen hat.

Weiterhin interessieren der vom Hamburger Poloclub ausgeschriebene Concours hippique im Velodrom Rotherbaum sowie die Veranstaltungen auf der Rennbahn Bahrenfeld.

Gleich dem Pferdesport findet auch der **Wassersport** im nordischen Venedig ganz besonders begeisterte Anhänger. Dem Norddeutschen Regatta-Verein, der mit dem Kaiserlichen Yacht-Club zu Kiel engste Fühlung unterhält und mit ihm auch an der „Kieler Woche“ partizipiert, gehören die vornehmsten Kreise unserer Einwohnerschaft an, und Segeln wie Rudern findet durch ihn, dem der Allgemeine Alster-Club, der Hamburger Yacht-Club und der Hamburger Segel-Verein zur Seite stehen, erfolgreichste Förderung.

Die zahlreichen Wettfahrten, welche die genannten Vereine im Sommerhalbjahr zu veranstalten pflegen, zerfallen in offene und interne Regatten, von denen von allgemeiner Bedeutung nur die ersteren sind. Die weitaus wichtigste dieser Veranstaltungen ist die Unterelbe-Regatta des Norddeutschen Regatta-Vereins, die als Einleitung der Kieler Woche betrachtet werden darf. Wie schon oben erwähnt, erhält sie erhöhtes Interesse dadurch, daß der Kaiser ihr beizuwohnen und auch mit seiner Yacht in Konkurrenz zu treten pflegt. Start und Ziel sind bei Cuxhaven. – Neben dieser Segelwettfahrt steht, an sportlicher Bedeutung ihr gleich, die vom Allgemeinen Alster-Club und dem Norddeutschen Regatta-Verein gemeinsam abgehaltene Internationale Amateur-Ruder-Regatta auf der Alster, die sich weit über die schwarz-weiß-roten Grenzpfähle hinaus hohen Ansehens erfreut. Das Hauptinteresse lenkt sich hierbei auf den Kampf um den vom Hamburger Senat gegebenen Preis, der ein Meisterwerk Hamburger Goldschmiedekunst ist.

Daß außer Pferde- und Wasser-Sport auch das **Radfahren** eine große Gemeinde bei uns hat, zeigt das Bestehen der beiden Bahnen am Grindelberg und in Eilbeck, die beide im Laufe des Sommers stark frequentiert werden und bei der häufigen Veranstaltung von Rennen, die stets hervorragende Kämpen am Start sehen, außerordentlich lebhaften Besuch auf seiten des Publikums aufzuweisen haben. – Der **Automobilsport** hat ebenfalls bei uns seine Stätte gefunden, war doch die im Velodrom Rotherbaum veranstaltete große Automobil-Ausstellung von glänzendstem Erfolg begleitet. – **Fußball** und ähnliche Zweige des Sports finden in Hamburg und Umgegend ebenfalls fleißige Pflege, wie die fast allsonntäglich stattfindenden kleineren Meetings beweisen.

So steht Hamburg in sportlicher Beziehung, von England abgesehen, hinter keinem anderen europäischen Platz zurück, marschiert aber in Deutschland zweifellos an erster Stelle, und die besten Elemente unseres Publikums sind es, die sich dem Sport widmen und reiche Mittel zu seiner kräftigen Förderung aufwenden.

Auf dem Spielplan des 1826/27 erbauten Stadttheaters an der Dammtorstraße standen meistens Opern. Ein Platz im Parkett kostete sechs Mark. In den 1950er Jahren entstand an der Stelle des im Krieg schwer beschädigten Gebäudes der moderne Bau der Hamburgischen Staatsoper.

Das Deutsche Schauspielhaus an der Kirchenallee war um die Jahrhundertwende Hamburgs jüngstes Theater. Es entstand 1899/1900 nach dem Vorbild des Wiener Volkstheaters. Die Architekten und der erste Direktor stammten aus Wien.

Das aus dem Jahr 1843 stammende Thalia Theater am Pferdemarkt erhielt 1912 auf der gegenüberliegenden Seite einen Neubau; im Hintergrund der Jacobi-Kirchturm.

Sonntagsvergnügen nicht nur für Kinder: das Kasperle-Theater auf dem Spielbudenplatz vor dem Panoptikum

ELBSCHLOSS-BRAU
Panop

Käthe Franck-Witt spielt am Thalia Theater in Ludwig Thomas Stück „Moral“ eine „Dame von zweifelhaftem Ruf“. Mit einem Schweigegeld von 15 000 Mark verläßt sie erhobenen Hauptes die Stätte ihrer vermeintlichen Schande.

„Damen-Orchester“ sind eine Attraktion in vielen Konzerthäusern.

In der Unterwelt der Kellerkneipen muß man bei deftigem Vergnügen auch nicht auf die Musik des Schifferklaviers verzichten.

In zünftiger Montur präsentieren sich die Damen und Herren des Radfahrklubs von 1896. Sie haben es erreicht, daß in Hamburg am Rande uneben gepflasterter Straßen befestigte Radwege angelegt werden.

Schiffstribünen für eine Ruder-Regatta auf der Außenalster (Juli 1901)

Werbeplakat der Hapag für eine Atlantik-Fahrt mit der „Deutschland“ von Hamburg nach New York

VERKEHRS-NACHRICHTEN

Die gewaltige Zunahme des Eisenbahnverkehrs im Jahrzehnt nach dem Zollanschluß 1888 hatte zu unhaltbaren Zuständen in Hamburg geführt: Da Eisenbahn- und Straßenverkehr auf einer Ebene erfolgten und die Schranken sich jeweils nur für wenige Minuten öffneten, herrschten insbesondere am östlichen Stadtrand chaotische Verhältnisse. Die preußischen Nachbarstädte Harburg und Altona hatten bereits 1897 bzw. 1898 neue zentrale Bahnhöfe erhalten. Ende 1898 wurde zwischen Hamburg, Preußen und der privaten Lübeck-Büchener-Eisenbahngesellschaft ein Vertrag über eine Neugestaltung der Eisenbahnanlagen auf Hamburger Gebiet abgeschlossen, wobei die Eisenbahningenieure vor der schwierigen Aufgabe standen, die Arbeiten ohne größere Störung für den laufenden Verkehr zu erledigen.

Ziel war eine zentrale Anlage für den Personenverkehr, ein Hamburger Hauptbahnhof. Hier sollten alle Züge aus dem Osten und dem Süden einmünden. Außerdem sollte die Verbindung mit Altona so ausgebaut werden, daß alle Züge bis dorthin durchfahren konnten. Acht Jahre später war es soweit: Am 5. Dezember 1906 wurde der Hauptbahnhof feierlich eröffnet und dem Verkehr übergeben.

Bis dahin hatten sich die Reisenden je nach Reiseziel zu verschiedenen Bahnhöfen begeben müssen. Diese waren in den Jahrzehnten nach der Eröffnung der ersten Eisenbahnlinie zwischen Hamburg und Bergedorf im Jahr 1842 von privaten Gesellschaften gebaut worden: 1846 war die Strecke nach Berlin eröffnet worden; seit 1865 konnte man mit der Bahn nach Lübeck fahren; nach dem Deutsch-Dänischen Krieg wurde 1864–1866 zwischen Hamburg und Altona eine Verbindungsbahn mit drei Bahnhöfen gebaut, die für den Anschluß an die seit 1844 bestehende „Ostseebahn“ nach Kiel sorgte; die Verbindung mit Hannover wurde vom Hannoverschen Bahnhof nach dem Bau der Elbbrücken 1872 in Betrieb genommen (vorher endeten die Züge in Harburg).

Immerhin war 1900 die Verbindungsbahn schon vierspurig ausgebaut, so daß man von jedem Bahnhof dieser Linie relativ bequem z. B. den Frühzug vom Berliner Bahnhof in die Reichshauptstadt (Abfahrt: 9 Uhr) erreichen konnte. Mit Zwischenhalt in Büchen, Hagenow Land (umsteigen nach Schwerin), Ludwigslust und Wittenberge kam man um 12.55 Uhr am Lehrter Bahnhof in Berlin an. Um 12.48 Uhr gab es einen weiteren durchgehenden Zug, der schon nach dreieinhalb Stunden in Berlin war. (Im Frühjahr 1900 wurden Lokomotiven geplant, die kurze Züge mit einer

Geschwindigkeit von 200 Kilometern in der Stunde nach Berlin bringen sollten.) Für die 150 Kilometer nach Büsum brauchte der Personenzug ebenfalls viereinhalb Stunden. Für die Fahrt nach Travemünde mußte man gut zwei Stunden rechnen.

Einen Seebäderdienst mit der „Nordseelinie“ gab es von Hamburg aus nur in den Sommermonaten, sowohl zu den Nord- wie zu den Ostfriesischen Inseln. Das galt auch für die Fahrt nach Helgoland; von Cuxhaven aus fuhr das ganze Jahr über dienstags und freitags ein Dampfer zur Felseninsel, die Bismarck gegen Sansibar eingetauscht hatte. Nach London kam man viermal die Woche in 41 Stunden.

Im Hamburger Hafen wurde man allerdings vor allem vom Fernweh nach Übersee gepackt: Es gab regelmäßige Dampfschiffsverbindungen zu allen Kontinenten, z. B. jede Woche mindestens eine Fahrt mit der HAPAG nach New York. 1900 zählte die Reederei 166 539 Passagiere nach Amerika.

Wehmut kam auf, wenn man im Hafen den gelichteten Mastenwald sah: 1890 umfaßte Hamburgs Handelsflotte noch genauso viele Segelschiffe wie Dampfer, allerdings hatten die Segler nur noch einen Anteil von 27 Prozent an der Gesamttonnage; zehn Jahre später standen den 286 Seglern 436 Dampfschiffe gegenüber, die fast das Fünffache der Tonnage befördern konnten. Wenn auch die Glanztage der Segelschiffahrt um 1900 gezählt waren, gab es doch eine Reederfamilie, die auch für die 60-Tage-Fahrten über den Atlantik zum chilenischen Salpeterhafen Iquique unverrückbar am Segelschiff festhielt: Ferdinand Laeisz und sein Sohn Carl Heinrich.

Wer nicht auf große Fahrt gehen konnte, hatte immerhin an mehreren Stellen in der Stadt Gelegenheit, eine Reise auf der Elbe oder der Alster anzutreten: Nach Harburg fuhr ein Dampfer vom Baumwall durch den Reiherstieg jede Stunde; nach Geesthacht und Lauenburg fuhr der Dampfer vom Stadtdeich dreimal am Tag für eine Mark, im Sommerhalbjahr sogar einmal bis Dömitz; mit der Stader Dampfschiffahrt ging es zweimal täglich über Altona, Neumühlen, Teufelsbrück, Nienstedten, Blankenese, Falkental, Schulau, Lühe, Mojenhören, Twielenfleth nach Brunshausen. Neben den sechs Hafenfähren verkehrten Jollenführer-Dampfer (Barkassen), die sogar nachts unterwegs waren. Auf der Außenalster gab es seit 1859 ein dichtes Netz von „Alster-Dampfböten“, die z. T. von morgens vier Uhr bis eine Stunde nach Mitternacht fuhren.

Das wichtigste öffentliche Verkehrsmittel in Hamburg war um 1900 die elektrische Straßenbahn: Seit 1839 hatte es in der Inneren Stadt Pferde-Omnisbusse gegeben; 1866 war die erste Pferdebahn nach Wandsbek eröffnet worden, der viele weitere folgten. Von 1894 an wurden die Pferdebahnen „elektrifiziert“. Die etwa 40 Hamburger Straßenbahnlinien waren eng verknüpft mit dem Netz der Nachbarstädte Altona und Wandsbek, nach der Eröffnung der Straßenbrücke über die Süderelbe 1899 auch mit Harburg.

Auf einem vierspurigen Gleisnetz von 140 Kilometer Länge wurden im Jahr 1900 in 360 Wagen 80 Millionen Fahrgäste befördert, 50 Millionen mehr als 1890. Immer mehr Menschen drängten zu Arbeits- und Geschäftsbeginn in die Innenstadt. Der Fahrplan ließ sich kaum weiter verdichten: Über den Glockengießerwall fuhren stündlich etwa 200 Wagen, durch den Großen Burstah 180.

Auch die 1901 zugelassenen Triebwagen mit zwei Anhängern konnten den Andrang in den Stoßzeiten nicht bewältigen. Der Fahrplan sah für die Fahrt vom Eimsbütteler Marktplatz zum Rödingsmarkt 27 Minuten vor; in der Innenstadt kam die Straßenbahn aber kaum schneller voran als die Fußgänger. Ende 1901 legte der Senat daher der Bürgerschaft Pläne für eine Hoch- und Untergrundbahn vor, für die es seit 1888 immer wieder neue Entwürfe gegeben hatte; aber erst 1906 erfolgte der erste Spatenstich für die Ringstrecke der Hamburger U-Bahn.

Für den privaten Verkehr standen Pferdedroschken zur Verfügung, Automobile gab es auf Hamburger Straßen noch nicht.

Werbung für eine Ausflugsfahrt …

… und für eine Stadtrundfahrt durch Hamburg

Nachdem die mannigfachsten Schwierigkeiten behoben, ist im Jahre 1900 der Bau eines Hauptbahnhofes, dessen Kosten auf 40 Millionen veranschlagt sind und dessen Bauzeit auf sechs Jahre bemessen ist, in Angriff genommen. In dem früher so anmutigen Tal der Verbindungsbahn herrscht bereits eine lebhafte Tätigkeit, handelt es sich doch um eine gänzliche Umgestaltung des Eisenbahnverkehrswesens in Hamburg, insofern alle Eisenbahnlinien in den Hauptbahnhof einmünden und derselbe sonach den gesamten Verkehr aufnehmen soll, der jetzt vom Berliner, Lübecker und Hannover'schen Bahnhof und dem Bahnhof Klostertor bewältigt wird. Zu dem Zwecke sind nicht nur ganz bedeutende Erdmassen zu bewegen, um die vielen Terrainschwierigkeiten zu beheben, sondern es sind auch neue Anschlußgleise, neue Güterbahnhöfe und neue Bahnhöfe an der Verbindungsbahn anzulegen. Die Verbreiterung der Lombardsbrücke ist bereits zu Ende geführt.

Der Bahnhof „Klostertor" an der Verbindungsbahn zwischen dem Berliner Bahnhof (Türme im Hintergrund) und dem Altonaer Bahnhof. Links das Kloster St. Johannis; heute stehen hier die City-Hochhäuser.

Für den Fernverkehr hat Hamburg gegenwärtig drei Bahnhöfe:

Der **Berliner Bahnhof** bzw. **Bahnhof Klostertor** nimmt den Verkehr auf von und nach dem südlichen Mecklenburg, Brandenburg und Berlin (auf der Berliner Bahn) und hat damit Anschlüsse nach Königsberg i. Pr.–Danzig–Stettin–Bromberg–Posen–Frankfurt a. O., Breslau, Krakau und Konstantinopel–Dresden, Prag, Wien–Magdeburg, Halle, Leipzig, München.

Der **Venloer (Hannoversche** oder **Pariser) Bahnhof** vermittelt den gesamten Verkehr nach Westen (über Harburg): Cuxhaven (Unterelbische Bahn)–Bremen, Osnabrück, Münster, Düsseldorf, Köln, Vlissingen, London–Köln, Paris–Hannover, Kassel, Frankfurt a. M., Straßburg, Basel–Frankfurt a. M., Stuttgart, Zürich, Mailand–Frankfurt a. M., München.

Der **Lübecker Bahnhof** nimmt den Verkehr auf von und nach Lübeck, Wismar, Rostock, Stralsund, Rügen, und über Neubrandenburg auch nach Stettin. Die Ostseebäder Travemünde, Haffkrug, Heiligendamm, Doberan, Warnemünde, Zingst sind aus dem westlichen und nordwestlichen Deutschland am vorteilhaftesten über Hamburg und Lübeck zu erreichen. Die **Verbindungsbahn Hamburg–Altona** nimmt zugleich alle Schnell- und D-Züge vom Berliner und Venloer Bahnhof auf, und zwar so, daß dieselben bis zum Hauptbahnhof Altona durchgehen bzw. von diesem ausgehen. Der Reisende kann demgemäß auch auf den Bahnhöfen der Verbindungsbahn: Klostertor, Dammtor, Sternschanze und Holstenstraße aus- und einsteigen.

Der Berliner Bahnhof mit der Abfahrtshalle (rechts) für die Verbindungen nach Osten. Das Umsteigen in Hamburg war mit weiten Wegen verbunden: Wer nach Süden wollte, mußte zum Venloer oder Pariser Bahnhof, wer Richtung Nordosten reiste, zum Lübecker Bahnhof; Züge nach Kiel fuhren vom Altonaer Bahnhof.

Der **Eisenbahnverkehr nach dem Norden** geht über Altona von und nach dem Bahnhof Klostertor, und zwar nach ganz Schleswig-Holstein und Jütland sowie nach Kiel und von da per Schiff nach Korsör und Kopenhagen. Auch die nordfriesischen Bäder Büsum, St. Peter, Amrum, Wyk auf Föhr und Westerland-Sylt können von Hamburg aus mit der Bahn erreicht werden.

Seewärts verkehren von Hamburg **nach den Nordseebädern** die eleganten Salon-Schnelldampfer „Cobra", „Prinzessin Heinrich" und „Silvana" der Nordsee-Linie.

Abfahrt von Hamburg morgens 8 Uhr von den St. Pauli Landungsbrücken **nach Cuxhaven-Helgoland** und umgekehrt von Mitte Juni ab täglich. An den Sonntagen finden Sonderfahrten nach Helgoland und an demselben Tage zurück zu ermäßigten Preisen statt. Der Aufenthalt auf Helgoland beträgt ca. zwei Stunden und genügt derselbe, um durch einen Rundgang um die Insel Helgoland diese in ihren Hauptteilen kennenzulernen; um die Zeit voll ausnützen zu können, tut man gut, die Mahlzeiten auf dem Schiffe einzunehmen;

nach Sylt, Wittdün-Amrum, Wyk auf Föhr und in umgekehrter Richtung vom 1. Juli ab täglich. Durch Anlage einer großen eisernen Seebrücke an der Südspitze der Insel Sylt wird die eigentliche Seefahrt um ca. drei Stunden abgekürzt und bringt eine gleichfalls neu erbaute Kleinbahn die Reisenden in bequemen Wagen nach dem Badeorte **Westerland**. – Durch einen kleineren Wattdampfer werden die Reisenden alsbald nach Ankunft auf der Sylter Seebrücke nach Wittdün-Amrum und Wyk auf Föhr befördert;

nach Norderney mit Anschluß **nach Juist** und **Borkum** über Watt jeden Sonntag, Dienstag, Donnerstag und Sonnabend;

nach Borkum jeden Montag, Mittwoch und Freitag über Helgoland ohne Norderney zu berühren.

Von Hamburg **nach Übersee** vermitteln den gewaltigen Personen- und Güterverkehr folgende Reedereien:

a) die **Hamburg-Amerika-Linie** (Hamburg-Amerikanische Packetfahrt Actien-Gesellschaft, H.-A.P.A.-G), mit ihren 249 Schiffen mit brutto 615 210 Registertonnen die größte Schiffahrtsgesellschaft der Welt, bietet zu regelmäßigen Reisen und Touristenfahrten nach den Skandinavischen Ländern, nach England, Frankreich, Italien, nach Afrika, dem Orient, Ostasien, Nord-, Mittel- und Südamerika stets Gelegenheit. Auskunft hierüber erteilt bereitwilligst das Bureau: Dovenfleth 18/21.

b) die **Hamburg-Südamerikanische Dampfschiffahrts-Gesellschaft und Hamburg-Amerika Linie** nach Brasilien und den La Plata-Staaten.
c) die **Deutsche Dampfschiffahrts-Gesellschaft Kosmos** (28 Seedampfer mit 90 007 Registertonnen) nach Chile, Peru, Equador, Mexiko und San Francisco.
d) **Reederei Rob. M. Sloman & Co. Union-Dampfer** (mit insgesamt 68 502 Registertonnen) nach Nord-Amerika, sowie zwischen Nordamerika und Brasilien.
e) **Deutsche Ostafrika-Linie** (Reichspostdampfer) auf der Ostlinie nach den Häfen der Ostküste Afrikas bis Delagoa-Bay und Durban, auf der Westlinie nach Kapstadt, Port Elisabeth, East London, Durban und Delagoa-Bay.
f) **Woermann-Linie** nach Teneriffa und den Häfen der Westküste Afrikas.
g) **Deutsch-Australische Dampfschiffs-Gesellschaft** nach Kapstadt und Australien.
h) **Deutsche Levante-Linie** nach den Häfen des Mittelländischen und Schwarzen Meeres.
i) **Rob. M. Sloman jr.**, Mittelmeer-Linie (hauptsächlich nach Spanien und Italien).
j) **A. C. de Freitas & Co.**, nach dem adriatischen Meer und der Levante.
Außerdem bestehen regelmäßige Schiffsverbindungen mit verschiedenen Plätzen Englands (täglich), Dänemarks, Schwedens, der Ostsee und mit Rußland und Finnland, nach Holland, Belgien und den Rheinplätzen, nach Frankreich, Portugal, Spanien, Marokko, den Kanar. Inseln und Madeira usw. sowie endlich viele Reedereien für sog. „wilde Fahrten".
Besondere Erwähnung verdient die Reederei **F. Laeisz** mit ihren 18 Segelschiffen, darunter der bekannte Fünfmaster „Potosi" mit einer Tragfähigkeit von 6200 Tons.

Für den Nahverkehr

Nach der Unter- und Oberelbe wie nach Harburg besteht ein regelmäßiger, sehr ausgedehnter Schiffsverkehr.
Elbfahrten zur Besichtigung der Schnelldampfer veranstaltet während des Sommers an den Sonntagen die Hamburg-Amerika-Linie mit ihren Salon-Dampfern elbabwärts an Blankenese vorbei zur Besichtigung ihrer bei Brunshausen auf der Elbe ankernden großen Schnelldampfer, deren prächtige Kajüten-Einrichtungen, Salons, Maschinen usw. als Sehenswürdigkeiten ersten Ranges gelten, z. B. der „Deutschland", des schnellsten, stärksten und schönsten Handelsdampfers der Welt.
Fahrten durch den Nord-Ostsee-Kanal bis Kiel werden von Ende Juni bis Anfang September jeden Dienstag und Freitag morgens 7.30 Uhr von Hamburg aus angetreten.

Bis 1897 waren alle Straßenbahnlinien in Hamburg elektrifiziert. Die meisten Linien fuhren über den Rathausmarkt. Die Linie 12 verband zwei in vielerlei Hinsicht unterschiedliche Stadtteile; die gut einstündige Fahrt kostete 25 Pfennig.

Für den Ortsverkehr

Hamburg-Altona-Wandsbek haben ein ungewöhnlich ausgedehntes Netz vorzüglicher elektrischer Straßenbahnen. Die Fahrpreise betragen in der Regel nur 10 Pfg., bei ganz großen Strecken 15 Pfg. und mehr.
Der Verkehr auf der Alster wird durch zahlreiche Dampfboote bewerkstelligt, welche dieselbe nach bestimmten Richtungen durchkreuzen. Preis der

Seit 1886 erfolgte die Straßenreinigung in Hamburg in staatlicher Regie. Es gab in der Inneren Stadt und den beiden Vorstädten insgesamt 680 öffentliche Straßen mit einer Länge von 222 Kilometern. Seit 1903 wurden auch die Privatstraßen gegen eine Gebühr gereinigt.

einfachen Fahrt 10 Pfg. Der Verkehr auf dem Hafen wird durch die Hafen-Dampfschiffahrt A.-G. (grüne Dampfer) und die Hafen-Rundfähre (weiße Flagge im Steven), welche von morgens 5 bis abends 7 Uhr alle 10 Minuten, von da ab alle 20 Minuten fahren, sowie durch verschiedene andere Fähren und die Jollenführer unterhalten.

Sehr zu empfehlen bei kürzerem Aufenthalt sind die Stadtrundfahrten auf elegant eingerichteten vierspännigen Wagen (Mail coaches) der Hammonia-Rundfahrt-Gesellschaft (in Verbindung mit Bangerts Hafenrundfahrt), und die Käse'sche Rundfahrt.

An Droschkenfuhrwerk gibt es Taxameter I. und II. Klasse, welche genau das zu zahlende Fahrgeld anzeigen. Für die viersitzigen Droschken ohne Zeigeapparat besteht noch ein nach Bezirken eingerichteter umständlicher Tarif, so daß es sich für den Fremden empfiehlt, vor Antritt der Fahrt den Fahrpreis genau zu vereinbaren.

Die Droschke als Vorläufer des Taxis: Die Preise waren genau vorgeschrieben, eine Fahrt durch die „engere Stadt innerhalb der ehemaligen Wälle" kostete für ein bis zwei Personen 75 Pfennig; nachts gab es kräftige Zuschläge. Da die Kutscher „gern überfordern", wurde zu Droschken mit Taxametern geraten.

Bei mehrtägigem Aufenthalt sind die bei den Zeitungsverkäufern und vor der Börse erhältlichen, sehr praktischen und zuverlässigen Blitzfahrpläne von F. W. Rademacher sowie die Monatshefte von Schacht & Westerich oder Deicken & Behrmann zu empfehlen, da sie über die Verkehrsverhältnisse schnell und sicher orientieren.

Bezüglich der Fahrten in See oder zur Besichtigung der Schnelldampfer bei Brunshausen usw. findet sich das Nähere im Inseratenteil der Hamburger Tageszeitungen.

Regenschirmwetter in Hamburg: Der Verkehr auf dem Jungfernstieg macht keine Pause. Links der Alsterpavillon, rechts der Hamburger Hof; der vierstöckige helle Bau an der Ecke Große Bleichen ist vom Wiederaufbauprogramm nach dem Großen Brand 1842 das letzte Beispiel am Jungfernstieg, das heute noch steht. Neben dem Säulengebäude der Dresdner Bank entsteht 1911/12 das Warenhaus Tietz, heute Alsterhaus.

Verkehrsstau im Großen Burstah: Auch der Schutzmann hoch zu Roß ist machtlos.

BUSING & ZEYN
BUSING & ZEYN
537
Eilbeck St Pauli
H.W. Meyer
Oberstrasse 90

20 Minuten brauchte man mit dem Alsterdampfer vom Jungfernstieg zum Uhlenhorster Fährhaus, einem berühmten Restaurant mit häufigen Konzerten. Empfohlen wurde jedoch, schon an der Station Rabenstraße auszusteigen, an vielen schönen Landhäusern vorbei bis zur Fähre zu gehen (zehn Minuten) und sich dann übersetzen zu lassen.

Die Alster-Dampfboote waren ein beliebtes Verkehrsmittel: Sie fuhren von morgens früh bis nach Mitternacht alle zehn bis 20 Minuten, es gab ein dichtes Liniennetz mit vielen Haltestellen. Die Fahrt war mit einem Fahrpreis von zehn Pfennig nicht nur billig, sondern auch erholsam.

Abschied an den Landungsbrücken. Der Ausflugsdampfer „Blankenese“ startet zu einer Fahrt auf der Elbe. Verbindungen gab es elbaufwärts bis Stade und Wischhafen; die Schiffe elbabwärts über Lauenburg nach Dömitz legten am Stadtdeich ab.

An der „Roosenbrücke“ (zwischen Baumwall und Vorsetzen) besteigt man die grünen Dampfer der Hafen-Dampfschiffahrt A.G. für eine Fahrt nach Blankenese. Sie legten in den Sommermonaten wochentags alle Stunde, sonntags alle halbe Stunde ab.

Der Fotoblick auf Blankenese hat in hundert Jahren nichts von seinem Reiz verloren. Von Baurs Park hat man die Fahrrinne mit den Elbinseln im Blick; dem Umbau auf dem Süllberg ist 1999 der „Trichter“ des Restaurants, nicht aber der Söller geopfert worden.

HAMBURGS UMGEBUNG

Auch das seit 1864 preußische (zuvor dänische) Altona hatte sich zum Ende des 19. Jahrhunderts stark herausgemacht und schien dem großen Hamburg in manchen Bereichen um mehr als eine Nasenlänge voraus. 1889/90 war das Stadtgebiet nach Westen hin um das selbständige (und aufstrebende) Ottensen und die Landgemeinden Bahrenfeld, Othmarschen und Övelgönne erweitert worden. Dem Titel „jüngste Großstadt des Reiches“ wollte man durch entsprechende Bauten gerecht werden.

Der große Vorsprung Altonas zeigte sich zu den Zeiten der Cholera 1892: Das bereits 1854 gebaute Wasserwerk in Blankenese mit seiner Sandfiltration lieferte beste Qualität, so daß die Epidemie keine Chance hatte, sich nach Altona auszubreiten. Ein neuer Hauptbahnhof wurde bereits in den 1890er Jahren errichtet und 1895 in Betrieb genommen; die Strecke nach Blankenese wurde zweigleisig ausgebaut, Bahrenfeld und Othmarschen erhielten neue Bahnhöfe. Ein Museum für die Sammlungen zur Natur- und Stadtgeschichte entstand 1898–1901 am Kaiser-Platz (heute: Platz der Republik). Der Umbau des ehemaligen Bahnhofsgebäudes zum neuen Rathaus konnte allerdings erst 1898 abgeschlossen werden. Im gleichen Jahr – und damit früher als in Hamburg – wurden in Altona Denkmäler für Kaiser Wilhelm I. und Bismarck enthüllt.

Der Ausblick vom Altonaer Balkon war damals mit einer Siegessäule geschmückt, für die 36 bei Orléans 1871 erbeutete Kanonen das Material geliefert hatten. An Altonas Prachtstraße, der Palmaille, stand das lebensgroße Denkmal für den langjährigen Oberpräsidenten Conrad von Blücher, der sich in seiner Amtszeit (1808–1845) auch um die große Nachbarstadt Verdienste erworben hatte: Er sorgte Weihnachten 1813 für die Unterbringung von 20 000 armen Hamburgern, die von den Franzosen aus der Stadt vertrieben worden waren; beim Großen Brand 1842 wirkte er ebenfalls hilfreich.

Obwohl sie offiziell Flottbeker Chaussee hieß, war die „schönste Straße Deutschlands“ bereits unter ihrem heutigen Namen Elbchaussee bekannt. Der „Wegweiser“ empfiehlt sie vor allem als Fußweg nach Blankenese, offensichtlich schon damals ein Höhepunkt für jeden Besucher Hamburgs.

Für den Tourismus in Anspruch genommen wurde auch damals schon der Alterssitz des 1898 gestorbenen Reichskanzlers Otto von Bismarck: Er hatte den Sachsenwald als Dank für die Gründung des Deutschen Reiches 1871 erhalten und in Friedrichsruh die renommierte Gastwirtschaft „Frascati“ zu einem „Schloß“ ausgebaut. Hier lebte er nach seiner Entlassung 1890 und meldete sich in Hamburger Zeitungen kritisch zu Wort. Das Wohnhaus und die Gruftkapelle (Mausoleum) wurden zum Wallfahrtsort.

In späteren Auflagen gibt der „Wegweiser“ weit mehr Empfehlungen für Tagestouren in die Umgebung Hamburgs: die holsteinische Elbmarsch hinter Wedel, das Alte Land und Finkenwerder, die Vierlande und Lauenburg, das Alstertal und die Walddörfer, Pinneberg und auch Harburg. Viele dieser Empfehlungen behalten nach wie vor ihren Wert.

Zum hundertsten Geburtstag erhielt das Altonaer Rathaus 1998 frische weiße Farbe.

Das 1831–1834 errichtete Jenisch-Haus ist seit 1927 ein Museum der bürgerlichen Wohnkultur.

Das Bergedorfer Schloß stammt aus dem Mittelalter und der Frühen Neuzeit und wurde nach schweren Beschädigungen um die Wende zum 20. Jahrhundert wiederhergestellt.

Die nähere Umgebung Hamburgs ist so reich an landschaftlichen Schönheiten aller Art, daß der Fremde viele Wochen hindurch lohnende Ausflüge in dieselbe mit täglich wechselndem Programm unternehmen kann. Von nicht zu unterschätzender Bedeutung sind die günstigen Verbindungen nach allen Richtungen hin; man kann entweder Eisenbahn, Dampfschiff oder Straßenbahn benutzen oder meist sogar sich nach Belieben abwechselnd des einen oder anderen Verkehrsmittels bedienen und dieselben durch angenehme Fußtouren unterbrechen. Vier Sehenswürdigkeiten sind es vor allen Dingen, welche der Fremde auch bei beschränkter Zeit zu besuchen nicht verfehlen wird, nämlich die Elbchaussee mit Blankenese, das Nordseeeiland Helgoland, den Zentralfriedhof Ohlsdorf und Friedrichsruh im Sachsenwalde. Erst hierdurch wird sich der Aufenthalt in Hamburg zu einem harmonischen Bilde ausgestalten, das unauslöschlich in seinen tausend Einzelheiten der Erinnerung eingegraben bleibt.

Das Siegesdenkmal an der Südseite des Altonaer Rathauses: Die Kanonenrohre waren eine Trophäe aus dem Krieg 1870/71 gegen das französische Kaiserreich. Das Monument wurde nach dem Zweiten Weltkrieg abgetragen – vermutlich auf Betreiben der Besatzungsmächte.

Die Palmaille war Altonas Prachtstraße: Auf dem Geesthang hatten Kaufleute um 1800 ihre Stadthäuser mit Blick auf die Elbe bauen lassen. Selbst die Mietshäuser (hier das Doppelhaus 59/61) erhielten eine klassizistische Fassade. Der Bombenkrieg zerstörte den Großteil der Häuser.

Die Christians-Kirche in Ottensen, 1725–1738 erbaut, erhielt 1898 ein neues Turmdach.

Altona, die Schwesterstadt Hamburgs und mit diesem eng zusammengebaut und in jeder Weise eng verbunden, ist mit seinen 160 885 Einwohnern die größte Stadt Schleswig-Holsteins. Die schönste Straße der Stadt ist die von uralten Bäumen beschattete Palmaille mit dem Denkmal des Oberpräsidenten Graf Blücher. Am Ende der Allee steht das Siegesdenkmal des 9. Armeecorps. Nach rechts erstreckt sich das Neue Rathaus mit dem Kaiser-Wilhelm-Denkmal, etwas weiter das Neue Museum, der Stuhlmann-Brunnen und der Hauptbahnhof Altona.

An der Fortsetzung der Palmaille, der Klopstockstraße, liegt der Ottenser Kirchhof (im Stadtteil Ottensen); hier ruht unter einer prächtigen Linde Deutschlands Odendichter Klopstock mit seinen beiden Frauen.

Vom Siegesdenkmal genießt man plötzlich einen herrlichen Ausblick auf die Unterelbe, die sich am Fuße des hohen Geestrückens majestätisch dahinwälzt. Tief unten, dicht am Strande, liegen Neumühlen, ein beliebter Sommeraufenthalt der Hamburger, und das freundliche Lotsendorf Oevelgönne.

Aus der Klopstockstraße gelangen wir auf die Elbchaussee, die schönste Straße Deutschlands, welche sich hoch über der Elbe 1 ½ Meilen lang zwischen einer Fülle der herrlichsten Parkanlagen hinzieht, wie solche in gleicher Pracht und Größe keine Stadt Europas wohl noch einmal aufzuweisen hat – es ist das Gebiet der Handelsaristokratie Hamburgs. Viele dieser herrlichen Parks mit ihren großen Landhäusern inmitten uralter Baumriesen und gartenkünstlerischer Meisterwerke gleichen alten Fürstensitzen und erzählen uns von strotzender Kraft, von Macht und Besitz, von Freud und Leid stolzer Geschlechter der Handelsempore.

Das „Landhaus“ für den Kaufmann Bernhard Donner, 1856/57 von dem Architekten Strack errichtet, der seine Erfahrungen aus dem Bau des Hohenzollern-Schlosses in Babelsberg einbrachte. Das „Donner-Schloß“ brannte im Krieg aus und wurde danach gesprengt. Der Donner-Park ist seit 1914 öffentlich zugänglich.

Zur Linken zieht sich am Abhange zunächst der Stadtpark hin, es folgen Neu-Rainville mit herrlicher Aussicht auf die Elbe, die Villa Donner (mit vielen Kunstschätzen), und so reiht sich hier zu beiden Seiten der Chaussee Villa an Landsitz in fast ununterbrochener Folge, darunter auch das Geburtshaus des Reichskanzlers Grafen Bülow. Ein geradezu bezauberndes Panorama eröffnet sich unseren Blicken von dem hochgelegenen Park-Hôtel aus. Gegenüber liegt Klein-Flottbek mit Jenisch Park, dem Sommeraufenthaltsort des Reichskanzlers; weiter folgen das altberühmte Caférestaurant „Zum Bäcker“ (Soltau), der Ausschank der Exportbrauerei Teufelsbrück (Schabbel) und der „Elb-Pavillon“ (Treu). Ein Aufenthalt an diesen Stellen ist um so empfehlenswerter, als die großen Seeschiffe hier in unmittelbarer Nähe des Ufers fahren und in aller Beschaulichkeit das rastlose Leben auf dem majestätischen Strome beobachtet werden kann. Nienstedten (mit der Elbschloßbrauerei, einer der größten Brauereien Norddeutschlands, und Jacob's Speiserestaurant) und weiterhin Godeffroy's, Thierry's und Baur's Park folgen, und endlich tut sich vor unseren erstaunten Blicken ein wundervolles Märchenland auf, das buntdurchwirkte und terrassenförmig aufgebaute, entzückende **Blankenese** mit dem 73 m hohen Süllberge (mit Restaurant), von welchem man nicht nur eine herrliche Aussicht über den malerischen Ort selbst, sondern weit und breit über die ganze Umgebung und die untere Elbe genießt.

Die Teufelsbrücke über den Flottbek an der Einmündung in die Elbe: Ein Krug lädt Spaziergänger ein, die unterwegs auf der Landstraße (heute Elbchaussee) durstig geworden sind.

Wer Hamburg gesehen hat, muß unbedingt auch Blankenese gesehen haben. Man gelangt dorthin entweder mit der Eisenbahn von jeder Station der Verbindungsbahn oder mit dem Schiff von den St. Pauli-Landungsbrücken aus oder auch per Wagen oder zu Fuß auf der Elbchaussee. Fußgängern ist letzteres unbedingt anzu-

Ein Blick auf das „Fischerdorf“ Blankenese vom Süllberg aus; die Dampferanlegestelle ist rechts zu erkennen. Auf der Elbe zieht die kaiserliche Yacht „Hohenzollern“ vorbei.

empfehlen – eine Tagestour bei Besichtigung verschiedener Parks, zu denen der Zutritt – falls sie überhaupt geschlossen sind – auf Ansuchen gern gestattet wird. Die Rückfahrt nach Hamburg (St. Pauli-Landungsbrücken) ist auf jeden Fall mit dem Schiff zu empfehlen. Wer nicht über Zeit verfügt, kann die Tour nach Blankenese auch im Anschluß an Bangert's Hafenrundfahrt machen.

Man muß von Blankenese einmal mit dem Tage Abschied nehmen, wenn Berge, Ferne und Wasser in einer Feuerglut auflohen und die Sonne ihre letzten Strahlen in die Elbe versenkt – ein Bild, wie es kein Maler auf die Leinwand hinwerfen dürfte, um dem Vorwurf des Unwahren und Unnatürlichen seiner Darstellung zu entgehen. Abend wird's auf dem Strom, die Laternen an den vor Anker liegenden Schiffen werden aufgezogen, die Blinkfeuer und festen Lichter beginnen ihr Spiel, Seefischer kommen und gehen, rote, grüne und weiße Lichter schießen bunt durcheinander – auf der Elbe gebietet auch die Nacht keine Ruhe –, und über dem Fischereiland Finkenwärder steigt zögernd der Mond herauf. Unser Schiff fährt stromauf; die Ferne versinkt in Nacht und Nebel, die Ufer tauchen in dunklere Farben, und wie Nixenleiber spielen die Schaumwellen um unser Schiff. Der Blick auf das bezaubernde Ufer mit dem raschen Wechsel von Schluchten, steilen Abhängen, Schlössern und Parkanlagen hält uns traumbefangen. Plötzlich versetzt uns dröhnendes „Tuten“ in die nackte Wirklichkeit zurück: Ein Schiffskoloß wälzt sich uns entgegen, ein Ungetüm von Gestalt, hellerleuchtet wie ein Palast im Wunderlande, und vom haushohen Oberdecke ertönen frohe und ernste Weisen.

Friedrichsruh und der Sachsenwald. Wie der Teutoburgerwald mit dem Namen des Cheruskerhelden Hermann, ebenso unverlöschlich ist der Name des Fürsten Bismarck für alle Zeit mit dem Sachsenwalde verwoben, der durch ihn zum vornehmsten Nationalheiligtum der Deutschen geworden ist. Hier unter den Wipfeln der alten Eichen ruht Deutschlands erster Kanzler von seinem weltumgestaltenden Leben aus, hier schläft einer der gewaltigsten Geister, die je die Menschheit bewegt haben, und die schlichte Grabstätte des Schöpfers des Deutschen Reiches und der deutschen Einheit und des getreuen Eckehardt seines Volkes wird, so lange man deutsch fühlt und denkt, ein Wallfahrtsort sein in guten und bösen Tagen. Und nach Jahrhunderten wird sich hier an der Ruhestätte des größten deutschen Sohnes die Sage niederlassen, gleichwie sich an den Kyffhäuser

die nationale Sage angeschlossen hatte: Die Sehnsucht nach des Reiches Herrlichkeit – der jahrhundertelange Traum des deutschen Volkes, dem Held Bismarck die langersehnte Erfüllung gegeben hat.
Man erreicht Friedrichsruh mit der Eisenbahn vom Berliner Bahnhof aus in ca. 1/2 Stunde. Für gute Fußgänger empfiehlt sich, schon in Bergedorf auszusteigen; in 3/4 Stunde gelangt man auf abwechslungsreichem, schönem Wege nach Reinbeck, einer der beliebtesten Sommerfrischen in der Umgegend Hamburgs. Ein prächtiger Waldpfad führt in 1/2 Stunde von hier bergauf bergab, an forellenreichen Bächen nach Aumühle, und von da in 1/4 Stunde auf dem Schlangenpfade nach Friedrichsruh.
Das Tabakrauchen ist während der Sommerzeit im Sachsenwalde streng verboten.
Das Mausoleum des Fürsten und der Fürstin Bismarck liegt jenseits der Bahn auf einer Anhöhe (Schneckenberg). Es ist im romanischen Stile gehalten und 27 Meter hoch. In ihrer festen, auf Jahrhunderte berechneten Bauart wie ihrem ganzen Äußern entspricht die Gruftkapelle so ganz dem Geiste des großen Toten, und ihre Lage ist so schön, wie sie in der Umgebung des Friedrichsruher Herrenhauses überhaupt zu finden war, und uns dünkt, es gäbe im ganzen Deutschen Reiche keine herrlichere und der Eigenart des Heimgegangenen mehr entsprechende Stelle als die er sich selbst auserwählt hat.

Die Wallfahrten zum Ruhesitz des 1890 entlassenen Reichskanzlers Otto von Bismarck (rechts auf dem Balkon) in Friedrichsruh rissen auch nach seinem Tod 1898 nicht ab.

Blick auf den Altonaer Hafen noch vor dem Bau der neuen Fischauktionshalle 1896. Die Dampfmühle H. W. Lange und dahinter die Mälzerei Naefeke stehen schon. Im Hintergrund ist die Altonaer Hauptkirche St. Trinitatis zu sehen.

Altonas Altstadt: Am Sandberg zwischen Breiter Straße und Großer Elbstraße wohnen, leben und arbeiten Handwerker in ihren Hütten – welch ein Kontrast zu den „Palästen“ an der Palmaille!

upferschmiede
von
A. Peters.

Der Oberlauf der Alster zur Zeit der Kirschblüte: Empfehlung für eine Tagestour durch das Alstertal über Ohlsdorf, Wellingsbüttel und Poppenbüttel zum Rodenbeker Quellental

REGISTER

LITERATUR

Architekten- und Ingenieur-Verein zu Hamburg (Hrsg.): Hamburg und seine Bauten unter Berücksichtigung der Nachbarstädte Altona und Wandsbek. 2 Bde. Hamburg 1914

Baedeker, Karl: Mittel- und Nord-Deutschland. Handbuch für Reisende. Leipzig 1887

Bracker, Jörgen: Hamburg – von den Anfängen bis zur Gegenwart. Hamburg 1987

General-Verkehrs-Zeitung. Hamburg 1901

Goldschmidt, Albert (Hrsg.): Norddeutschland (= Griebens Reisebücher Bd. 88). Berlin 1898

Grundmann, Günther (Hrsg.): Die Bau- und Kunstdenkmale der Freien und Hansestadt Hamburg. 3 Bde. Hamburg 1953 ff.

Harbeck, Hans: Hamburger Lockbuch. 50 Jahre Hamburger Fremdenverkehr. Hamburg 1949

Hipp, Hermann: Freie und Hansestadt Hamburg. Geschichte, Kultur und Stadtbaukunst an Elbe und Alster. Köln 1989

Kopitzsch, Franklin und Daniel Tilgner (Hrsg.): Hamburg Lexikon, Hamburg 1998

Landesbildstelle Hamburg: Historisches Hamburg. Johann und Heinrich Hamann, das Lebenswerk einer Photographenfamilie. Hamburg 1993

Lehe, Erich von u. a.: Heimatchronik der Freien und Hansestadt Hamburg. Köln 1957

Melhop, Wilhelm: Alt-Hamburgische Bauweise. Kurze geschichtliche Entwicklung der Baustile in Hamburg. 2. Aufl. Hamburg 1925

Plagemann, Volker: „Vaterstadt, Vaterland ..." Denkmäler in Hamburg. Hamburg 1986

Schweer, Gunnar: Hamburger Ansichten und die Veränderung eines Stadtbildes. Hamburg 1975

Uka, Walter (Hrsg.): Johann Hamann, Hamburg um die Jahrhundertwende. Berlin 1987

Verein zur Förderung des Fremden-Verkehrs in Hamburg: Wegweiser durch Hamburg. 2. Aufl. Hamburg 1901

Verein zur Förderung des Fremden-Verkehrs in Hamburg: Wegweiser durch Hamburg. 4. Aufl. Hamburg 1905

BILDNACHWEIS

Alle Abbildungen: Landesmedienzentrum Hamburg
außer:

Altonaer Museum, Hamburg: S. 98 o.

Archiv Ellert & Richter, Hamburg: S. 16, 18/19, 20, 57 l., 101 l., 105, 130/131, 178/179

Blohm + Voss GmbH, Hamburg: S. 75 o., m.

Urs Kluyver, Hamburg: S. 9 o.r., m., u., 42, 43 o., m., 54 o., u., 55 o.l., o.r., 70, 71 l., r., 90, 93, 113 o., m., 122, 123 o., 138 r., 166, 167 o., m., u.

Egbert Kossak, Hamburg: S. 8, 9 o.l., 31 o., 43 u., 91, 92 u., 112, 113 u., 123 u., 138 l.

Museum für Hamburgische Geschichte: S. 115 o., 152, 157 o.
Museum für Hamburgische Geschichte / Fotostudio Fischer-Daber, Hamburg: S. 30, 153 o.

Michael Pasdzior, Hamburg: S. 55 u., 92 o., 123 m., 139

Sammlung Egbert Kossak, Hamburg: S. 149 o.

Staatsarchiv Hamburg: S. 11 u., 41, 50 u., 96 o., u.r., 103 o., u., 108 o., u., 109 u., 127 o.r., 140 u., 141 m., 142 m., u., 143, 149 u., 150/151 u., 153 u., 157 u., 164 o., u.

IMPRESSUM

Die Deutsche Bibliothek - CIP-Einheitsaufnahme

Hamburg vor 100 Jahren / Joachim Paschen. - Hamburg : Zeise, 1999
ISBN 3-932844-34-3

Aktueller Text und Bildlegenden: Joachim Paschen, Hamburg
Historischer Text: aus „Wegweiser durch Hamburg und Umgebung",
hrsg. vom Verein zur Förderung des Fremden-Verkehrs in Hamburg, Juni 1901
Lektorat: Brigitte Beier, Hamburg
Gestaltung: Hartwig Kloevekorn, Hamburg
Satz: KCS GmbH, Buchholz/Hamburg
Lithographie: ORC Offset Repro im Centrum, Hamburg
Druck: C. H. Wäser Offset GmbH, Bad Segeberg
Bindung: S. R. Büge, Celle